现代企业

内部控制理论

韩红蕾 编著

汕頭大學出版社

图书在版编目（CIP）数据

现代企业内部控制理论 / 韩红蕾编著 . -- 汕头：

汕头大学出版社 , 2018.3

ISBN 978-7-5658-3558-2

Ⅰ . ①现… Ⅱ . ①韩… Ⅲ . ①企业内部管理—管理学

Ⅳ . ① F272.3

中国版本图书馆 CIP 数据核字 (2018) 第 058194 号

现代企业内部控制理论
XIANDAI QIYE NEIBU KONGZHI LILUN

编　　著：韩红蕾

责任编辑：汪小珍

责任技编：黄东生

封面设计：金李梅

出版发行：汕头大学出版社

　　　　　广东省汕头市大学路 243 号汕头大学校园内　邮政编码：515063

电　　话：0754-82904613

印　　刷：北京市天河印刷厂

开　　本：710mm×1000 mm　1/16

印　　张：9

字　　数：120 千字

版　　次：2018 年 3 月第 1 版

印　　次：2019 年 4 月第 1 次印刷

定　　价：38.00 元

ISBN 978-7-5658-3558-2

前　言

　　现阶段，我国虽然初步建立了现代企业制度，但从总体上来看企业的经营管理水平不高、经济效益较差。随着我国经济的快速发展以及我国社会经济逐步融入世界市场，我国企业将面对来自外部世界特别是跨国公司的激烈竞争，这更加增大了他们的经营风险和经营压力。如果依照目前的经营状况去应对挑战，其结果不难预料。如何在新的环境中求生存、求发展是我国企业急需解决的重大问题。内部控制，作为企业经营管理的自我监督和自我约束机制，其直接关系到企业经营活动的兴衰成败。此外，内部控制也是实现现代企业管理的重要组成部分，是企业生产经营活动顺利进行的基础。当前，我国企业经营管理的低效和不规范运作都可归结为内部控制的缺失。因此，加强对内部控制的理论研究和实践分析、建立健全我国企业的内部控制就成了一项刻不容缓的任务。

　　本书由广东农工商职业技术学院韩红蕾老师编著，其以企业内部控制的概念和基本要素为出发点，较为全面地分析了现代企业内部控制的相关问题。在具体内容上，本书首先分析了国内外企业内部控制的异同、企业内部控制的制度框架及变迁以及企业内部控制的有效性问题。其次，本书对基于博弈模型、风险管理以及税收风险的现代企业内部控制问题做了研究。最后，本书对现代企业内部控制体系、评价体系的构建以及企业内部控制的未来发展问题做了研究。由于作者时间与精力有限，书中难免存在不足之处，敬请各位读者与同行予以批评指正。

目　录

第一章 绪 论

第一节 内部控制的概念和要素

一、内部控制的概念

（一）内部控制的含义

内部控制是企业为了保护资产的安全与完整，确保会计数据记录的真实与正确，提高经济效益，贯彻执行所制定的各种管理制度，而在企业内部所采取的组织规则和一系列调节方法与措施。

内部控制是企业经营过程的一部分，并与经营管理融合在一起，而不是凌驾于企业的基本活动之上，它保证经营达到预期的效果，并监督企业经营过程的有效进行。

内部控制只是管理的一种工具，并不能取代管理。

（二）内部控制的特征

第一，内部控制是一个过程，它是指实现目标的过程，而不是目标本身。内部控制是一个不断完善和发展的过程，它跟随着企业的变化而变化。

第二，组织内部各个层次的人员决定控制的有效性。内部控制是一个集体控制的活动，它的制定不是目的，而是要在实际工作中将内部控制措施予以执行。

第三，内部控制不能为管理层或董事会提供绝对的保证，而仅仅是合理的保证。内部控制作为一种管理活动，它的完善程度是与执行成本相对应的，所以建立在成本基础上的满意程度也不可能达到绝对完善的目标。

第四，有政策和程序并不代表有了足够的内部控制文档记录，内部控制文档记录要反映内控执行的全过程，它包括流程描述文档，控制步骤的执行轨迹等各种证据。

二、内部控制理论的历史发展

（一）内部牵制阶段

根据《柯氏会计辞典》的解释，内部牵制是指以提供有效的组织和经营，并防止错误和其他非法业务发生的业务流程设计。其主要特点是以任何个人或部门不能单独控制任何一项或一部分业务权力的方式进行组织上的责任分工，每项业务通过正常发挥其他个人或部门的功能进行交叉检查或交叉控制，设计有效的内部牵制以便使各项业务能完整正确地经过规定的处理程序。

一般来说，内部牵制机能的执行大致可分为以下四类：

第一，实物牵制。例如，把保险柜的钥匙交给两个以上的工作人员持有。

第二，机械牵制。例如，保险柜的大门按非正确程序操作就打不开。

第三，体制牵制。例如，采用双重控制预防错误和舞弊的发生。

第四，簿记牵制。例如，定期将明细账与总账进行核对。

（二）内部控制制度阶段

20世纪40年代至70年代，内部控制的发展进入内部控制制度阶段。这一阶段内部控制开始有了内部会计控制和内部管理控制的划分，主要通过形成和推行一整套内部控制制度（方法和程序）来实施控制。内部控制的目标除了保护组织财产的安全之外，还包括增进会计信息的可靠性、提高经营效率和遵循既定的管理方针。

1949年，美国会计师协会的审计程序委员会在《内部控制：一种协调制度要素及其对管理当局和独立注册会计师的重要性》的报告中，对内部控制做了权威性定义："内部控制包括组织机构的设计和企业内部采取的所有相互协调的方法和措施。这些方法和措施都用于保护企业的财产，检查会计信息的准确性，提高经营效率，推动企业坚持执行既定的管理政策。"

1958年10月，美国会计师协会发布的《审计程序公告第29号》对内部控制定义重新进行表述，将内部控制划分为会计控制和管理控制。内部会计控制与财产安全和财物记录可靠性有直接的联系。

这个控制包括授权与批准制度、从事财务记录和审核与从事经营或财产保管职务分离的控制、财产的实物控制和内部审计。内部管理控制主要与经营效率和贯彻管理方针有关，通常只与财务记录有间接关系。这些控制一般包括统计分析、时动研究即工作节奏研究、业绩报告、员工培训计划和质量控制。

（三）内部控制整合阶段

1992年9月，美国反虚假财务报告委员会下属的发起人委员会（COSO）发布了一份报告《内部控制：整合框架》，提出了内部控制的三项目标和五大要素，标志着内部控制进入了一个新的发展阶段。

内部控制的目标包括合理地确保经营的效率和有效性、财务报告的可靠性，对适用法规的遵循。内部控制要素包括：

1．控制环境

控制环境是指构成一个单位的氛围，影响内部人员控制其他成分的基础。控制环境主要包括：员工的诚实性和道德观，如有无描述可接受的商业行为、利益冲突、道德行为标准的行为准则；员工的胜任能力，如雇员是否能胜任质量管理要求；董事会或审计委员会，如董事会是否独立于管理层；管理哲学和经营方式，如管理层对人为操纵的或错误的记录的态度；组织结构，如信息是否到达合适的管理阶层；授予权力和责任的方式，如关键部门经理的职责是否有充分规定；人力资源政策和实施，如是否有关于雇佣、培训、提升和奖励雇员的政策。

2．风险评估

风险评估，指管理层识别并采取相应行动来管理对经营、财务报告有影响的内部或外部风险，包括风险识别和风险分析。风险识别包括对外部因素（例如：技术发展、竞争、经济变化）和内部因素（例如：员工素质、公司活动性质、信息系统处理的特点）进行检查。风险分析涉及估计风险的重大程度、评价风险发生的可能性、考虑如何管理风险等。

3. 控制活动

控制活动，指对所确认的风险采取必要的措施，以保证单位目标得以实现的政策和程序。实践中，控制活动形式多样，可将其归结为以下几类：

（1）业绩评价

业绩评价，是指将实际业绩与其他标准，如前期业绩、预算和外部基准尺度进行比较；将不同系列的数据相联系，如经营数据和财务数据，对其功能或运行业绩进行评价。这些评价活动对实现企业经营的效果和效率非常有用，但一般与财务报告的可靠性和公允性相关度不高。

（2）信息处理

信息处理，指保证业务在信息系统中正确、完全和经授权处理的活动。信息处理控制可分为两类：一般控制和应用控制。一般控制与信息系统设计和管理有关，如保证软件完整的程序、信息处理时间表、系统文件和数据维护等；应用控制与个别数据在信息系统中处理的方式有关，如保证业务正确性和已授权的程序。

（3）实物控制

实物控制，也称为资产和记录接近控制，这些控制活动包括实物安全控制、对计算机以及数据资料的接触予以授权、定期盘点以及将控制数据予以对比。

（4）职责分离

职责分离，指将各种功能性职责分离，以防止单独作业的雇员从事或隐藏不正常行为。一般来说，下面的职责应被分开：业务授权（管理功能）、业务执行（保管职能）、业务记录（会计职能）、对业绩的独立检查（监督职能）。理想状态的职责分离是，没有一个职员负责超过一个职能。

4. 信息与沟通

信息与沟通，指为了使职员能执行其职责，企业必须识别、捕捉、交流外部和内部信息。外部信息包括市场份额、法规要求和客户投诉等信息。内部信息包括会计制度，即由管理当局建立的记录和报告经济业务和事项，维护资产、负债和业主权益的方法和记录。

沟通是为了使员工了解其职责，保持对财务报告的控制。它包括使员工了解在会计制度中、如何与他人的工作相联系、如何对上级报告例外情况等。沟通的方式有政策手册、财务报告手册、备查簿，以及口头交流或管理示例等。

5. 监控

监控，指评价内部控制质量的进程，即对内部控制改革、运行及改进活动评价。

第二节 内部控制的目标和内容

一、内部控制的目标

内部控制的目标就是内部控制所要达到标准。对于内部控制的目标往往有不同的理解，一般都反映在内部控制的定义中。我国的《独立审计具体准则第9号 —— 内部控制与审计风险》指出，相关内部控制一般应当实现以下目标：保证业务活动按照适当的授权进行；保证所有的交易和事项以正确的金额，在恰当的会计期间及时记录于适当的账户，使会计报表的编制符合会计准则的相关要求；保证对资产和记录的接触、处理均经过适当的授权；保证账面资产与实存资产定期核对相符。

二、企业内部控制的内容

（一）合规性、合法性控制

企业建立内部控制体系必须符合国家财政政策、法令和财政制度的规定，每一项业务必须在合规、合法的前提下开展。如一项经济业务的发生必须经单位领导批准，业务运行过程中要有部门负责人对其审核、监督，会计凭证交到财务部门后财务部门要复查、核实。财务部门对不合规、不合法的票据及不真实、不完整的业务有权拒绝处理，保证企业经济业务的合规性、合法性。

（二）授权批准控制

授权批准控制指对单位内部部门或职员处理经济业务的权限控制。单位内部某个部门或某个职员在处理经济业务时，必须经过授权批准才能进行，未经授权批准，不得处理有关的业务。授权批准控制可以保证单位既定方针的执行和限制滥用职权。授权批准有一般授权和特定授权两种形式：一般授权是对办理一般经济业务时权力等级和批准条件的规定，通常在单位的内部控制中予以明确；特别授权是对特别经济业务处理的权力等级和批准条件的规定，如当某项经济业务的数额超过某部门的批准权限时，只有经过特定授权批准才能处理。

（三）不相容职务分离控制

企业建立内部控制系统，必须对不相容职位进行分离。所谓不相容职务是指那些如果由一个人担任，既可能发生错误和舞弊行为，又可能掩盖其错误和弊端行为的职务。不相容职务分离的核心是内部牵制，它要求每项经济业务都要经过两个或两个以上的部门或人员处理，使得个人或部门的工作必须与其他人或部门的工作相一致或相联系，并受其监督和制约。其内容包括：对每一项业务不能完全由一人经办；钱、账、物分管，例如：仓库保管员负责原材料的收、发、存和管理工作，并负责登记原材料的数量，而相关的账务处理则由会计人员负责；有健全严格的凭证制度。

（四）作业流程标准化控制

现代企业为规范管理，提高工作效率，均制定了业务操作的标准流程。这种按照企业实际情况建立的标准化流程，不仅有利于业务活动按预定的方案进行，而且有利于对业务活动做到事前、事中和事后时的控制。采取这种方式控制，不仅有利于经办人员有章可循，按照规范的程序办理业务，而且可以避免职责不清和相互扯皮的现象。

（五）监督检查控制

企业在设计内部控制制度时，由于当时认识的局限或考虑不周等原因，设计出的内部控制不可能完美无缺。在内部控制实际运行过程中，由于实际情况发生变化，或由于员工对内部控制制度理解上的差异，也可能使内部控制不能很好地发挥其应有的作用，导致内部控制实际运行中或多或少地存在着这样或那样的问题。为此需要对内部控制运行情况实施必要的监督检查，发现其不足和问题，从而完善内部控制，提高内部控制的有效性。因此，内部监督是保证内部控制体系有效运行和逐步完善的重要措施。

第三节　企业内部控制的必要性和局限性

一、企业内部控制的必要性

（一）提高风险管理水平，增强抗风险能力

在面对国际金融危机的特殊时期，企业都面临着新的危机和挑战。面对新形势，企业必须全面提升风险管理水平，增强抗风险能力。提升抗风险能力的重要方面是构建系统、规范的内部控制体系。企业应以建设内部控制体系为契机，对原有的规章和办法进行梳理、整合、完善和提升。由于内部控制规范程度直接关系到企业资产、资金的安全和经营信息的准确可靠性，而现在很多企业在管理方面都存在薄弱点或重大缺陷，因此，强化内部控制建设、堵塞实质性漏洞是必要的和迫切的。

（二）规范企业运作，推进信息化管理水平

企业的规范运作和内部控制体系的建设与实施，离不开信息化的支撑。通过建立信息化平台，将内部控制流程的运作通过管理信息系统来实现，使内部控制由人控变为机控，以最终实现内部控制规范化、平台化、透明化的控制目标。企业通过会计信息化与内部控制体系的有机整合，使企业管理实时化、多元化，对风险的反应速度更及时、准确，应对风险能力大大提高。

二、内部控制的局限性

（一）受成本效益原则的约束

内部控制是依据一定的程序进行的，而这些控制程序需要付出一定的成

本，如设计控制环节、设置岗位、配备人员、保证各控制环节的运行等都必须付出代价，发生成本。控制的环节越多，设置的岗位就会增加，需要配备更多的人员，内部控制的运行成本必然升高。但是控制过于简单又不能收到应有的效果，经营管理过程中出现漏洞、发生舞弊的可能性就会增大，会给企业带来较大的损失。因此，在设计内部控制时企业必然会比较控制的相关成本与效益，如果实施某项控制的成本超过没有此项控制企业可能遭受的损失，就没有必要设置该项控制。但在实践中内部控制的成本与效益却难以估计，需要个人主观判断，而主观判断的失误可能会使必要的控制未能实施而造成更大的损失，也可能会使某些控制成本超过预期收益导致控制程序得不偿失。

（二）受人为错误的影响

内部控制是由人来执行的，执行人员的实际操作水平直接关系到内部控制的作用能否有效发挥。我们不能期望这些执行人员在行使控制职能时始终准确无误。现实情况可能是执行人员的素质不适应岗位要求、粗心大意、精力分散，对内部控制的程序或措施经常产生误解、误判。在这些人为因素的影响下，即使是设计完美的内部控制也可能失效。

（三）受串通舞弊的限制

不相容职务的分离是内部控制的一条重要原则，它可以避免一个人单独从事和隐瞒不合规的行为，但两个或两个以上的人员或部门合伙就可以避开此类控制，如出纳与会计串谋、财产保管人员与财产核对人员合伙造假、审计部门与会计部门联合舞弊，等等。

（四）受管理越权的限制

内部控制作为经营管理的一个组成部分，理所当然地要按照管理人员的意图运行。任何控制程序都不能发现和防止负责监督控制的管理人员滥用职权或不正当地使用权力，特别是高层管理人员，他们处于企业的核心管理层和决策层，权力较大，如果他们滥用职权必然会导致一些控制程序的失效。

许多重大舞弊和财务信息失真案件，就是因为高层管理人员的越权干预而发生的。

（五）受制度滞后的限制

内部控制一般都是针对常规事项来设置的，具有相对的稳定性。因此，可能会对不经常发生的或未能预料的例外事项不具有控制力。企业处在经常变化的环境之中，为了生存和发展势必要不断地调整经营战略，或并购其他企业，或增设分部、生产线等，这就可能导致原有的控制程序对新增的经济业务失去作用。即使外部环境不变，企业的内部控制系统发生变化也会导致同样的问题，如企业实现会计电算化后，会计核算的方法和手段都发生了根本性的变化，这就对内部控制的岗位、环节、程序等都提出了不同于手工核算的要求。

第四节 我国企业内部控制的现状及成因

一、我国企业内部控制的现状

内部控制制度是现代企业对其经济活动进行管理所采取的一种管理手段，是企业有效管理体系中不可缺少的一个组成部分。任何一个企业单位，不管其规模大小、业务性质特点如何，都应根据其自身的特点建立必要的内部控制制度。良好的内部控制制度对于完善法人治理结构、防范经营风险和规范企业会计行为，全面加强企业管理具有十分重要的意义。但就我国企业目前的情况来看，内部控制的情形不容乐观。

我国内部控制制度的现状：国有企业比不上非国有企业；国有小企业比不上大、中型企业。非公有制经济在内部控制制度建设上虽然一般情况下没有国有企业搞得好，但其负责人却自觉地去实施内部控制，因为其企业有着明晰的产权。

在实际工作中人们对内部控制的理解偏颇、认识不足，仍然限定在管理控制、会计控制以及内部审计上，对于控制环境、风险评估和信息与沟通如何实施考虑不多，甚至在许多企业中，有些人至今仍把内部控制局限于内部会计控制上。当提到内部控制时，人们往往误以为就是内部会计控制，或者说这仅是财会部门的事，与其他部门无关。这种以内部会计控制替代全面内部控制、以控制活动替代控制五要素的状况是一种普遍存在的现象。有些企业内部控制制度形同虚设，流于形式，并未真正落实到位，也有很多企业的内部控制制度都是在发展中逐步建立起来的，往往是根据企业发生过的案例来制定的，管理中出现了特定问题，继而相应地出台一项制度予以规范。这种"事后救火"的制度往往仅能防范已发生的风险，而对未曾发生的风险则考虑不足。

二、我国企业内部控制的成因

（一）缺乏良好的内部控制环境

控制环境是内部控制的基础，直接关系到企业内部控制的执行和贯彻。它涵盖对建立、加强或削弱特定政策程序及其效率产生影响的各种因素，包括企业管理人员的品行、操守、价值观、素质和能力，管理人员的管理哲学、经营观念，企业各种规章制度等。目前，我国企业的内部控制环境还存在诸多不完善之处。如有以下几种不完善：

1. 公司治理结构不完善

建立有效的公司治理结构的宗旨就是在股东大会、董事会、监事会和经理层之间合理配置权限，公平分配利益，以及明确各自职责，建立有效的激励、监督和制衡机制，从而实现公司的多元化目标。而内部控制是企业董事会及经理层为确保企业财产安全完整、提高会计信息质量、实现经营管理目标、完成受托责任，而建立和实施的一系列具有控制职能的措施和程序。因此，公司治理结构与内部控制的关系是密不可分的，公司治理结构是促使内部控制有效运行、保证内部控制功能发挥的前提和基础，是实行内部控制的制度环境。

　　我国企业治理方面的问题十分突出，主要表现为缺乏相互制衡的有效治理机制和监督机制。很多公司虽然在形式上建立了公司治理机构，但内部人控制现象仍然十分严重。股东大会作为公司的最高权力机构，在实践中存在股东大会召集人通过设置各种条件或障碍剥夺股东尤其是中小股东的知情权、质询权的现象，尤其是在国有股一股独大的情况下，中小股东的权益更得不到切实保护。董事会是由股东大会选出的，是股东利益的代表，我国很多公司在形式上建立了董事会，但在实际工作中，董事会在表现上还存在许多误区，董事会的监控作用严重弱化，经常只有一个虚职，且缺少必要的常设机构。

　　监事会作为公司中专门从事监督的机构，负责对董事会和经理的行为进行监督，防止其损害公司的利益。我国企业采用的是单层董事会制度，与董事会平行的公司监事会仅有部分监督权，而无控制权和战略决策权，无权任免董事会或经理班子的成员，无权参与和否决董事会与经理班子的决策。而监事会成员也往往是企业内部人员，与被监督者往往是上下级关系，地位较低，对董事和经理的监督作用有限，加之专业知识的缺乏，结果往往流于形式，难以发挥作用，监事会实际上只是一个受到董事会控制的议事机构。

　　2．企业组织控制存在缺陷

　　不少企业仍然沿袭着计划经济体制下的机构设置，所以普遍存在机构臃肿、管理层次多、工作效率低下的问题。另外，企业在组织机构设置中，比较重视纵向间的权利与义务关系，而对横向间的协调缺乏足够的重视，导致同级各部门间缺乏必要的交流，信息沟通不灵敏，协调性差。

　　3．企业文化建设没有引起足够的重视

　　企业文化是企业的经营理念、经营制度依存于企业而存在的共同价值观念的组合。企业内部控制制度的贯彻执行有赖于企业文化建设的支持和维护。因为，企业文化是培养诚信，使人忠于职守、乐于助人、刻苦钻研、勤勉尽责的一种制度约束。企业文化将员工的思想观念、思维方式、行为方式进行统一和融合，使员工自身价值的体现和企业发展目标的实现达到有机的结合。

企业文化是一个企业的中枢神经,它所支配的是人们的思维方式、行为方式。在良好的企业文化基础上所建立的内部控制制度,必然会成为人们的行为规范,从而很好地解决因制度失灵而产生的种种问题。

(二)缺乏风险评估机制

企业的风险管理是指按照公司制定的经营战略,选用各种风险分析技术,找出业务风险点,并采取恰当的方法降低风险。风险评估是识别和分析妨碍实现经营管理目标的困难因素的活动,对风险的分析评估构成风险管理决策的基础。

市场经济条件下,风险是客观存在的,不可能绝对消除,风险和收益并存,没有风险,就不可能有收益。企业作为市场的主体,要参与市场竞争,必然要面对风险。近年来,随着社会经济的发展,特别是经济全球化及国际化程度的加深,企业经营环境变得日趋复杂,面临的风险也大大增加。在诸多风险中,大多数企业最主要的风险是营运风险。但不管是什么风险,企业都应该建立可以辨认、分析和管理风险的机制,并确认高风险领域,加强管理。因此,控制企业面临的风险应该是企业管理人员十分关心的问题。

(三)信息流通不顺畅

信息是人们在适应外部世界,并且使这种适应反作用于外部世界的过程中同外部世界进行交换的内容的名称。信息的产生和交换是企业信息管理的任务。在信息技术突飞猛进的现代社会,信息技术改变了传统的生活和生产方式,也改变了企业生产管理流程。外部信息有助于企业了解环境、掌握市场、抓住机遇。内部信息有助于企业了解自身实力,掌握企业内部运营状况。有效的内部控制可保证企业形成真实可靠的内部信息,而真实可靠的信息是管理者做出决策的依据。信息是管理的桥梁和纽带,也是管理者、审计人员对企业内部控制进行评价的重要方面。

(四)缺乏适当的控制活动

控制活动是确保管理层的指令得以实现的政策和程序,旨在帮助企业保证其针对"使企业目标不能达成的风险"采取必要行动,是使内部控制得以实现的重要组成部分。控制活动是针对关键控制点而制定的，一般包括授权和批准、职责划分、设计和运用适当的凭证、恰当的安全措施、独立的检查和评价等。为了保证控制目标的实现，为了保证其指令被贯彻执行，企业必须制定控制政策及程序，并予以执行，管理阶层必须确保其辨认并用以处理风险的行动已经有效落实。在我国企业中，或者不存在内部控制活动，或者即使存在所谓的政策和程序，也是名存实亡，只是"写在纸上、贴在墙上"，没有人去执行、考核、检查，或者说没有人认真地去执行、考核、检查，而只是搞形式、走过场，其执行效果往往很差，控制活动未实际发挥其作用，最终不能确保管理层的指令得以实现。其主要表现为以下三个方面：

第一，《中华人民共和国审计法》等法律法规对国有企业的内部审计机构的设置作了强制性规定，我国现行的内部审计主要是在行政干预的基础上发展起来的。这样的内部审计机构很难受到企业重视，审计人员一般未经过专门培训，缺乏审计专业知识，这种情况下组建起来的内部审计很难发挥其应有的作用。

第二，内部审计作为内部控制的再控制，本身就应从第三者的立场上客观公正地对企业的经济监督进行再监督，它的地位应当是超然独立的。但在实际中，许多企业对内部审计工作的性质和作用不甚理解，有的企业把内部审计机构作为财务部门的从属机构，还有些企业的内部审计机构直接对总经理负责，监督者的权力地位在管理当局、董事会之下，从而使监督的独立性、权威性受到限制。

第三，内部审计是适应企业的内在需要设立的，其生存和发展的关键在于它能为企业加强内部管理，提高经济效益服务。对内部控制的监督不仅仅是一个事中和事后的过程，而且还是一个事前的过程。但就实际中我国企业的监督内容来说，过分强调查错纠弊，却忽视了防错防弊这一职能。在各种正式的文件规定中，强调监督的多，提倡服务的少，事后的常规性审查多，而一些"预防性控制"因未涉及监督而名存实亡。这种指导思想是我国审计认识上的一大误区，也阻碍了内部审计作用的发挥。

第二章　国外企业与国内企业内部控制比较

第一节　企业内部控制环境

一、发达国家的企业文化奠定内控基石

提到发达国家的企业文化，就不能不提企业的基本价值观和基本经营理念，因为二者既是企业文化的深厚根基，也代表了企业的气质、风范和追求卓越的远大理想。企业以尊重员工、提供最佳的顾客服务和追求卓越的基本价值观为企业文化，确立了"成就客户、创新为要、诚信负责"的新的经营理念。

伟大的公司一般在其发展过程中都历经了许多波折，但令其历尽风浪而成为执业界牛耳的重要原因之一就在于其深厚的企业文化传承，也正是这种文化传承使得在企业服务的人都有一种源自内心深处的责任感、成就感和荣誉感。企业文化既是推动企业持续发展的动力，也是企业实行内部控制的基础环境，良好的企业文化，以员工对企业价值观的高度认同为前提，建立内部控制体系，强化内部控制，有利于整合、优化企业资源，增强企业凝聚力，提高企业内部控制的有效性。

企业以员工为最重要的资产，以"尊重员工，协助自重；适才适职，发挥潜能；人才培养，技能提升"为原则，在平等及受到尊重的环境中，向员工提供充满挑战性的工作，系统的学习和培训以及成功的机会，重视员工工作中的价值与满足感，致力于把每位员工实现自身价值的过程，凝聚为企业发展源源不绝的强大动力，让员工与企业一起成长。

二、国内企业的内部控制环境

（一）公司法人治理结构形同虚设，缺乏相互制约的法制环境

公司法人治理结构是公司制的核心，而规范的公司法人治理结构，关键

要看董事会是否发挥作用。董事会对公司负有重大的受托管理责任，例如，在董事会里成立一个有效的审计委员会，有利于公司保持良好的内部控制。董事会监督企业的各种经营活动，而审计委员会则监督会计报表。审计委员会除了协助董事会履行其职责外，还有助于保证董事会与公司外部及内部审计人员之间的直接沟通。我国上市公司的法人治理结构在形式上是完整的，但从内部分析来看，不难发现弊端。

（二）经营管理的观念、方式和风格有待完善

管理当局在建立一个有利的控制环境中起着关键性的作用。下面三个方面的经营管理的观念、方式和风格，可能会极大地影响控制环境：第一，管理当局对待经营风险的态度和控制经营风险的方法；第二，为实现预算、利润和其他财务及经营目标，企业对管理的重视程度；第三，管理当局对会计报表所持的态度和所采取的行动。在不考虑其他控制环境因素的情况下，如果管理当局是受某一个人或几个人支配，那么，以上这几个方面的影响可能会增大。

（三）组织机构设置不合理

企业在组织机构设置中，比较重视纵向间的权利与义务关系，而对横向间的协调缺乏足够的重视，导致同级各部门间缺乏必要的交流，信息沟通不灵敏，协调性差。

（四）人力资源管理还需加强

1. 企业缺乏有效的激励和约束机制

在人事政策方面没有建立起完整的人力资源流转机制和激励机制，产生了内部人控制的现象。

2. 人事政策和实务不完善

企业在雇佣人员时没有经过严格的考核，有许多是凭关系挤入企业的；对职工未形成一套关于训练、待遇、业绩考评及晋升的制度；未根据不同情况对职工进行适当的道德教育。企业职工的胜任能力和正直性值得怀疑，即使有良好的内控也会因执行者的能力不强或道德败坏而达不到应有的效果。

第二节　风险管理

企业时刻面临着来自内部和外部的不同风险，这些风险都必须进行准确的评估，一旦风险被辨明，就应采取相应有效的控制风险行动。现代企业在内部控制体系中单独建立风险管理子系统，分析和辨认企业实现所设定的目标而可能面临的风险，并采取相应措施。具体有如下三个步骤：

一、确定目标

制订目标是评估风险的先决条件，在采取措施管理风险之前，首先应在各管理层制定出协调一致的目标，这样才能使风险评估有的放矢，达到降低风险、实现企业价值最大化的最终目的。

企业的目标有整体目标和具体目标之分，类似于战略和战术的关系。企业的整体目标主要指：营运目标，包括营运效果、效率目标及保护资产的安全；财务报告目标，保证信息的真实，防止提供不真实的财务报告；遵循目标，各项经营活动要遵循国家的相关法律法规及行业政策等。在这层目标体系之下，各部门再分别拟定与之相配合的具体目标。

二、辨认环境的变化

企业活动的大环境是会改变的，例如，行业环境的变化，以及新科技、新业务、新产品、新员工等，此时企业内部的生产、管理活动应随之改变。因此，风险评估中最基本的部分，就是辨认已经发生的外界改变，并采取必要的内部行动。

三、分析风险

企业的风险一般是由外部因素和内部因素产生的，在风险管理中都是需要考虑的。外部因素包括：科技发展；顾客的需求、预期变化；竞争对手情况改变；自然灾害等。内部因素包括：信息系统处理的中断；聘用员工的品质、培训方法及激励制度；经理人员的责任发生改变；企业活动性质以及员工可接近资产的程度；董事会或监事会不够坚定或无效等。管理阶层须谨慎辨识生产经营各个环节存在的可能给企业目标带来负面影响的因素，分析这些因素的重要性、发生的可能性及潜在的损失，并采取必要的管理措施去减少或者消除这等因素的负面影响，而且要注意的是这一过程一定是持续、反复进行的。

第三节 控制活动

一、发达国家企业的控制活动

发达国家的企业，业务控制部门是采用集中管理和分级控制相结合的方式来推动内控工作的。总部的任务主要是设计工作程序和标准，各个业务部门、分支机构和工厂都在 CFO 组织机构下设立业务控制部门，配备专职的业务控制人员。业务控制部门具有以下几种控制方式：

第一，建立严格的流程责任人制度，一般由一线直接经理负责每个业务流程；

第二，将流程文件化，即把所有的流程都制作成标准的格式；

第三，职责划分，即在业务安排上考虑合理的职责分工，严格区分不相容职位，并确保其不能由同一人担任；

第四，通过定期的核对账目和对会计账户明细的分析，确保会计控制体系的有效运作；

第五，系统控制，即对公司运行的各种 IT 系统建立严格的授权制度和准入制度并定期审核和检查；

第六，过程控制和业务审批，即对各种交易和业务行为实行独立的审批负责制，使业务审批、财务审批、会计审批既互相结合又相对独立地运行；

第七，工作处的安全管理和检查；

第八，严格按公司公布的业务行为准则要求每位员工；

第九，风险接受机制，即对可能存在风险，又暂时没有好的符合公司管理规定的情况，需要业务流程的负责人明确风险等级，并建立补充措施，控制风险的范围和后果。

二、国内企业的控制活动

控制活动是指管理当局为满足财务报告的目标而建立的各种政策和程序。任何企业都可能有许多这类的政策和程序，但一般都可归纳为以下几种：职务的恰当分离；恰当的审批手续；充分的凭证和记录；资产和记录的实物控制；业绩的独立检查等。

目前，一些企业的内部控制还没有达到能够使各类决策权力、各项业务过程、各个操作环节和企业各部门人员的行为，都处于严密的内部制约和监控之下的科学、有效的内部控制水平。譬如，财务内部控制尚未形成覆盖各个部门和环节的系统，还有薄弱点和空白点；财务规章、制度和操作规程的贯彻落实不够，互相衔接也不够严密；管理力度层层递减，管理效应层层弱化，等等。

第四节 信息和沟通

一、发达国家企业完善的信息沟通系统

发达国家企业的文化中特别强调双向沟通，不存在单向的命令和无处申述的情况。企业一般至少有四条制度化的通道给员工提供申述的机会。

第一条通道是与高层管理人员面谈（Executive Interview）。员工可以借助"与高层管理人员面谈"制度，与高层经理进行正式地谈话。这个高层经理的职位通常会比相关员工的直属经理的职位高，也可能是其经理或是不同

部门管理人员。员工可以选择任何个人感兴趣的事情来讨论。这种面谈是保密的，由员工自由选择。面谈的内容可以包括个人对某些问题的倾向意见所关心的问题，员工反映的这些情况企业将会交给直接有关的部门处理，所面谈的问题将会被分类集中处理，不暴露面谈者身份。

第二条通道是员工意见调查（Employee Opinion Survey）。这条路径不是直接面对员工的收入问题，而且这条通道会定期开通。通过对员工进行征询，可以了解员工对企业管理阶层、福利待遇、工资待遇等方面有价值的意见，使之协助企业营造一个更加完美的工作环境。

第三条通道是直言不讳（Spee kup）。在发达国家企业，一个普通员工的意见完全有可能会送到总裁的信箱里。"Spee kup"就是一条直通通道，可以使员工在毫不牵涉其直属经理的情况下获得高层领导对其关心的问题的答复。没有经过员工同意，"Spee kup"的员工的身份只有负责整个"Spee kup"的协调员，所以不必担心畅所欲言后会带来的风险。

第四条通道是申述（Open door），也称其为"门户开放"政策。这是一个非常悠久的民主制度，总裁有可能直接跑到下属的办公室问某件事干得怎么样了。企业用 Open door 来尊重每一个员工的意见。员工如果有关于工作或公司方面的意见，应该首先与自己的直属经理恳谈。

与自己的经理恳谈是解决问题的捷径，如果有解决不了的问题，或者员工认为其工资涨幅问题不便于和直属经理讨论，可以通过 Open door 向各事业单位主管、公司的人事经理、总经理或任何总部代表申述，均会得到上级的调查和执行。

二、国内企业的信息沟通系统

（一）信息系统的应用与组织的管理战略之间出现诸多不协调的发展，导致单项应用多，而缺乏整体效益

很多国内企业虽然在计算机管理信息系统开发和应用实施方面做了大量工作，花费了大量的资金，在单项应用上取得了一定成效，但没有产生应有

的经济效益，反而构筑了无数个"信息孤岛"，没有实现信息的交流和共享，反而产生了巨大的负效益，使组织承受高额的风险代价。

（二）企业信息化过程中的管理重组落后

信息化建设的实质是为了提高企业竞争力而进行的更高层次的管理重组，企业虽然投入较多资金进行了信息化建设，但更多的却是注重设备上的投资和技术上的更新，而忽视了与此相应的管理模式方式上的转变。

（三）信息资源基础不能适应建设需要

企业基本都面临着企业信息资源基础不统一、不一致等问题。信息采集渠道较单一，缺少灵活性，使得信息来源不够全面，传输渠道不够畅通，更难以对采集的信息加工处理，使得资源潜力无法充分发挥。

第五节 内部控制监管

一、发达国家企业 —— 内部监管推进内控执行

发达国家企业的内部审计一般实行中央集中管理，负责公司总部和遍布全球的分支机构的内部审计监督工作。总审计师主要的审查目标是各级管理层，特别是 CEO 和 CFO 的控制职责的执行情况。

公司审计人员的角色明确，其职责主要有以下六项：第一，要按董事会和审计委员会的要求确保公司在可控的状况下运作；第二，为管理层和股东提供业务流程的评价；第三，确保公司的流程被严格遵循；第四，鉴别控制的薄弱环节；第五，查错防弊；第六，改进流程。

在审计流程上，审计机构一般会提前一定的时间（2～4周左右）告知被审计单位需要审核的流程、范围、时间跨度、需要参与的人员以及需要提供的资料。审计是严格按照已有的 Audit program（审计项目业务流程）操作的，所有的 Audit program 都会在内部网上公布。审计结束后，审计机构要出具审计结论和意见，并直接汇报给总公司最高管理层。

二、国内企业的内部监管

企业内部监管主要是指内部审计，内部审计是对会计的控制和再监督。对会计资料进行内部审计，既是企业内部控制的一个部分，也是监督内部控制其他环节的主要力量。在企业各个层级的人员中，就内部控制而言，内部审计人员具有极其重要而又特殊的地位。

（一）内部审计机构设置不健全或形同虚设的现象比较普遍存在

有很多企业没有单独的审计机构，即便设置了审计机构，其独立性和权威性也相对较弱，内部审计的作用大打折扣。多年来内部审计较弱的独立性和较低的权威性问题一直是阻碍内部审计产生良好效应的根本障碍，这也是中国多数企业普遍存在的问题。

（二）内部审计的主要职能还局限于查错防弊

内部审计的职能应该包括监督、评价和服务，而企业内部审计各项职能的履行存在缺失，其主要表现为：对各项职能的协调不够，在强调和偏重于某项职能时，会忽略其他的内部审计职能。所以，要强调内部审计的职能从查错防弊型向管理服务型转变。

（三）我国政府对企业内部控制监管的法规、制度还相当不完善

这种不完善主要表现为：一是对内部控制规范的要求明确，但缺乏对企业的内部控制评价、监督和检查等监管方面的具体措施；二是对内部控制监管的企业范围还比较窄。这种状况致使相当一部分企业的内部控制不存在或形同虚设。

（四）社会监督对企业内部控制的监督力度不够

社会监管主要是指社会中介机构（如会计师事务所的注册会计师）依法对受托单位的经济活动进行审计，并据实做出客观评价的一种监管形式。社会监管以其特有的中介性和公正性而得到法律的认可，具有很强的公正性和权威性。但其监管不到位，措施不得力的情况时常出现，具体表现为：

第一，各种监管功能交叉、标准不一，再加上分散管理，缺乏横向信息

沟通，不能形成有效的监督合力。

第二，各种监管不能按设定的目标进行，有的甚至以平衡预算和创收为主要目的，只顾收费，全然不顾监督效果，监督弱化问题严重。

第三，不规范的执业环境和不正当的业务竞争，使社会监督的作用没能发挥出来。目前，我国刚刚改制完成的会计事务所，首先面临的是生存问题，所以在执业过程中，效益往往被放在首要的位置，在不出现大的问题的情况下，从业的注册会计师往往迎合企业管理当局的意图而出具审计报告，普遍存在着消极监管的现象。

第三章　现代企业内部控制的制度框架及变迁

第一节　国外企业内部控制的发展历程

一、内部牵制阶段

内部控制的源头要追溯到 14 世纪。彼时的经济环境浮动小、契约产权关系简单，早期的企业由于生产规模较小、业务单一，其主要面临的风险是财产收支记录及保管过程中的失窃可能。为了防范这一风险，当时的人们设计了"内部牵制制度"，即财物的收支和保管必须由两个不同岗位的人员分别记录和核对，通过岗位分工形成彼此的牵制和监督，减少挪用、盗窃等不法行为的发生。后来逐渐演变成了更为明确的内部牵制，即企业的业务活动必须经过两个或两个以上的分工部门，以及两个或两个以上的权力层次，以形成相互制衡。

二、内部会计控制阶段

对于内部控制的这一阶段，学术界有不同的命名，如"内部控制制度""内部会计控制""内部管理控制"等，本书经过思量选择了"内部会计控制"，因为这一阶段的内部控制的明显变化是在对会计的控制上：首先，复式记账法产生并融入了企业管理；其次，企业目标从财产安全延展到了财务报告真实；最后，由于产权分离的出现，形成了早期的委托代理关系，产权所有者除了面对财产物资风险，还要面对来自代理方的财务报告风险。

1936 年，美国注册会计师协会将内部控制定义为：为了保护公司现金和其他资产的安全、检查账簿记录准确性而在公司内部采用的各种手段和方法。

这一定义显然是对以复式记账法为基础的内部会计控制的典型概括，其中既包括实物风险控制，也包括财务报告风险控制。

三、内部控制框架阶段

1992 年，COSO 委员会（The Committee of Sponsoring Organizations）发布了《内部控制——整体框架》的研究报告，将内部控制定义为"由董事会、经理层和其他员工共同实施的，为营运效率、财务报告的可靠性和相关法规的遵守等目标的达成而提供合理保证的过程"，并提出内部控制框架由控制环境、风险评估、控制活动、信息与沟通、监督等五大要素组成。

1992 年颁布的 COSO 框架对于内部控制的发展具有里程碑式的意义。首先，内部控制不仅关注资产安全、财务报告真实，而且更加注重对企业经营效率的提高；其次，COSO 还对内部控制的目标体系进行了调整，即将资产安全目标划归于经营与报告目标；再次，企业的合法合规性是一个不能再被忽视的问题，组织内部如果缺少必要的控制程序，则无法保证组织行为能够完全遵循法律法规而进行，对利益相关者造成一定的危害，因此 COSO 提出了合规性目标；最后，COSO 框架的突破并非在于对某类风险的关注，而是对风险的态度逐步由事后、被动转变为事前、事中及主动的评估和控制，这也是内部控制思想上的一大突破。

四、全面风险管理框架阶段

1992 年的 COSO 框架尽管已相对完善，但仍有一个比较突出的缺点，即对于企业风险的管理没有足够重视。为此，COSO 又于 2004 年 9 月正式出台了《企业风险管理——整体框架》，其中指出："内部控制是企业风险管理的有机组成部分，企业风险管理包含内部控制，并形成一个更为广泛的管理概念和工具。"通过与 1992 年的内部控制框架对比发现，风险管理框架在目标体系上增加了战略目标，将"风险评估"要素扩充为"目标设定、风险识别、风险评估和风险应对"。该框架开门见山地强调了风险管理的重要性，且对于传统的内部控制在理念上有所创新和发展，使风险管理在企业中的地位也逐渐从作业和管理层次逐步向战略层次延伸与提升。

第二节　国内企业内部控制的发展历程

一、内部牵制阶段（20 世纪 70 年代至 80 年代）

我国在这一时期仍属于计划经济阶段，并开始逐步重视企业的内部牵制工作。在这一时期所谓的"内部控制"基本是以会计控制为中心，国家所出台的一系列法律法规基本都是围绕财务会计工作的。

二、会计控制阶段（20 世纪 90 年代）

随着经济社会转型的加速，我国逐步建立起了市场经济体制和现代企业制度。这一阶段相比内部牵制阶段，对会计控制做了更进一步的发展和深化，使企业的会计工作更加规范。

三、全面风险控制阶段（21 世纪至今）

随着我国社会主义市场经济体制的不断完善，响应中央政府提出的"走出去"的战略主张，国内内部控制研究的视野也拓展到了国外，当时兴起的许多研究都是围绕着以美国安然事件为标志的企业舞弊事件展开的，通过对这些企业内部控制失败案例的总结，为我国企业内部控制建设提供了参考，也推动了内部会计控制逐步向全面风险控制发展。尤其是由财政部、证监会、审计署、银监会、保监会五部委联合制定的，于 2008 年 5 月 22 日正式发布的《企业内部控制基本规范》，更被誉为"中国的萨班斯法案"，为我国企业进行内部控制提供了权威的规范与指引。

第三节　COSO 框架与《企业内部控制基本规范》的比较

《企业内部控制基本规范》（以下简称《基本规范》）的出台为我国企业内部控制建设提供了具有参考价值的制度体系，也标志着我国的内部控制建设正在逐步向国际标准靠拢。为了能使我国企业内部控制更好地与国际惯例相衔接，必须要对国际上成熟的内部控制框架进行研究与借鉴，美国的 COSO 框架则是首先提出的内部控制框架，因此《基本规范》也是在对美国 COSO 框架的合理借鉴基础上，根据我国实际国情进行必要改进与创新而提出的。

一、COSO 框架与《基本规范》的相同点

第一，对内部控制的定义相同，即都强调了内部控制是由董事会、管理当局和其他员工共同实施的为了实现一定控制目标的过程。

第二，内部控制的目标相同，即实现合法合规、资产安全、财务报告可靠、提高经营效率和效果、促进企业实现发展战略。

第三，内部控制基本要素相同，都包含控制环境、风险评估、控制活动、信息与沟通、监督五大要素。

第四，实施机制相同，即以企业为主体、以政府监管为辅、以审计机构为重要组成部分的实施机制。

二、《基本规范》的创新

为了保证《基本规范》能够具有较强的适应性和可行性，不能只是照搬照抄美国的 COSO 框架，还应与我国国情相结合，因此《基本规范》考虑到了我国企业实际情况，进行了一些改进与创新：

第一，在内容上，新增了一些具有中国特色的内部控制内容，比如在控

制环境要素下的企业文化中强调对价值观的树立和企业社会责任的培育，强调爱岗敬业诚实守信、团队协作等内容，这在一定程度上体现了内部控制与社会主义精神文明的结合，提升了内部控制在我国企业的适用性。

第二，在体系上，除了基本规范，财政部还起草了 17 项具体规范和相应的评价指引、应用指引与鉴证指引，使我国的内部控制体系更加层次分明、内容完整。

第三，在操作上，基本规范提出，考虑到我国中小型企业的经营规模和管理能力有限，基于成本效益原则可适当参考《基本规范》进行内部控制建设，使得《基本规范》的适用范围更广、企业在具体操作中也可以根据自身实际情况进行调整，使操作更为灵活。

第四节　企业内部控制制度变迁的经济学分析

一、企业内部控制制度变迁的动因

（一）对企业内部控制制度需求的改变

制度环境是一国的基本制度规定，它影响其他方面的制度安排。一般来说，制度环境决定着制度安排的性质、范围和进程等。制度环境处于不断变化之中，所以，随着制度环境的不断变化，必将引起对内部控制制度新的服务需求，最终导致会计制度的变迁。企业内部控制由内部牵制演变到内部会计控制与管理控制的分离，再到由内部控制结构演变到内部控制的整体框架，以及风险导向内部控制整体框架的提出，其根本动力源自制度环境的变迁而引起的对内部控制制度需求的变化。

（二）技术的改变和社会知识的积累

技术的改变对制度的影响分为两个方面：首先，技术的变迁使产出在一定范围内发生了规模递增，因此使更复杂的组织的建立变得有利可图。同时，技术变迁使内部控制更为复杂，诱导内控制度的变迁。其次，技术的变迁使控制手段更加完善，降低了内部控制制度变迁的成本，加速了内控制度的变迁。新制度经济学认为，知识的增长，使得制度变迁的曲线向右移动。换言之，知识的进步降低了制度变迁的成本，提高了制度变迁效率，从而增加了制度变迁的供给。所以，知识存量的增加对人们发现内部控制制度的不均衡，以及设计内部控制制度和提高内部控制制度的能力都有重要影响。

二、企业内部控制制度变迁的启示

西方内部控制从内部牵制到企业风险管理框架的演进，反映了社会经济环境对内部控制的决定作用，随着社会经济环境的变化，为了更好地满足企业管理的需要，企业内部控制不断地做出变革。如何建立与完善我国企业的内部控制是我国理论界与实务界目前研究的重要课题之一，结合西方内部控制的变迁过程与发展趋势，本文对完善我国企业内部控制提出以下几点建议。

（一）将加强企业风险管理作为企业内部控制的重心

1. 重企业风险管理并切实执行 ERM（企业关系管理）框架精神

由于企业的管理资源是有限的，控制也是需要成本的，因此，我国企业应将风险管理作为内部控制的最主要内容，加强在产生重大风险环节上的有效控制，而不是所有细小环节上，这本身将是内部控制史上的一大突破。制度规范固然重要，但能够落实执行才是关键，企业应该将 ERM 框架融合于自身，找出风险点，切实拿到议事日程上来，保证 ERM 框架精神得以有效实施。

2. 培养企业风险文化，加强目标风险设立与事件识别

ERM 框架延伸了控制环境的范围，强调了环境中还包含着一个有组织的人员识别和看待风险的团体氛围，明确了企业风险文化的重要性，强调企业应把预期的和未预期的事项都进行考察，结合自身情况，建立一种企业特色的风险文化。其次，ERM 框架明确管理人员在认识到影响其业绩的潜在事项之前，必须有一个明确的目标，且管理人员在设立目标的同时，必须使选择的目标能支持、连接企业的使命，并与其风险偏好相一致，这就是风险

战略管理，我国企业必须重视的。另外，企业组织必须能识别影响其目标实现的内外事件，正确区分风险与机会，从而引导管理层战略或者目标始终沿着正确轨道运行。

（二）改进并完善公司治理结构

内部控制与公司治理之间是内部监控系统与制度环境的关系，公司治理结构作为内部控制环境的重要组成部分，对内部控制起着制约作用。公司董事会是联结所有者与经理层的桥梁，在公司治理中处于核心地位。所以，完善公司治理主要是加强董事会的功能。

强化上市公司董事会的功能应从以下方面展开：

一是根据企业自身具体特点设置合理的董事会规模。

二是完善公司董事会结构，董事会结构表现为企业内部董事与外部独立董事的比例以及董事会内部各职能委员会结构。

三是有效评价董事会的业绩。董事会作为一个决策主体，其决策效率的高低与效果的好坏直接影响公司的价值，建立董事会自身的业绩评价制度对董事会功能的有效实现具有重要意义。

（三）切实加强行为主体建设

尽管多年来向西方发达国家学习，我国大多数企业已基本掌握了一般的管理理论和方法，并能够运用于实践。但由于我国初级行为主体缺乏管理理念，次级行为主体素质不高，难以建立高素质的行为主体，致使内控制度、管理制度流于形式，没有得到有效的实施，从而对企业发挥的作用很有限，在此要切实加强行为主体建设。

公司必须建立统一的人力资源政策，实行科学的聘用、培训、轮岗、考评、晋升、淘汰和薪酬等人事管理制度，确保公司员工具备和保持正直、诚实、公正、廉洁的品质与应有的专业能力。同时应特别加强高级管理人员的教育，使企业领导认识到建立健全内部控制是企业领导的责任。也应加强企业员工的职业道德教育和业务教育，使之认识到遵循内部控制的重要性。

第四章 现代企业内部控制的有效性析

第一节 企业内部控制有效性的内涵及相关理论

一、内部控制有效性的内涵与测度

（一）内部控制有效性的内涵辨析

从整体来说，内部控制的有效性是指对内部控制目标的实现程度。"实现程度"本身又包含两方面的内容：第一是对于目标实现的契合性，即内部控制制度的建立要与内部控制目标相一致；第二是内部控制实现的效率，即通过内部控制制度，用最小的成本保障其控制目标得以最大程度地实现。从以上的理解出发，内部控制有效性的实现，可以从以下两个方面入手：

第一，以内部控制制度的设立为切入点，从内部控制的制度功能、实施主体及与环境的契合关系角度分析内部控制的制度有效性。这其中，功能是保证目标实现的主体所具有的必要特质，实施主体是在制度功能与环境之间发挥作用的中介，环境既是制度功能和实施主体的影响因素，又对内部控制的目标设定发挥作用。具体地说，内部控制的预防、监督和纠偏功能优化了企业的控制环境，引导和约束实施主体的行为趋向于既定的内部控制目标。内部控制实施主体的认知与行为通过对内部控制构建、执行与遵守、评价等过程，搭建了内部控制功能与目标的桥梁。内部控制环境则在影响内部控制实施主体认知行为的过程中，促成了对主体认知行为的约束和内部控制功能的形成。

第二，以内部控制制度的运行过程为切入点，考察内部控制制度运行乃至变迁对预期效果的实现程度。如果单纯从契合性角度考察内部控制的有效性就会忽略了纳入时间因素后内部控制功能、实施主体、环境等相关因素的变化，这就要求内部控制在管理过程中为阶段性目标的实现提供合理保证；

在战略规划、识别环境要素、识别与管理风险、实施控制活动、信息甄别、监督纠偏等活动中不断改进和创新，以此克服时间因素带来的内部控制制度的有效性减弱。

内部控制规定对于有效性的阐述并未明显地区分以上两个角度，在20世纪40年代之前的内部牵制阶段，内部控制的目标被认为是查错防弊，是从管理活动角度定义的；在20世纪40年代至70年代的内部控制制度理论阶段，内部控制的目标被认为是保护资产、保证会计资料可靠性和准确性、提高经营效率，推动管理部门所制定的各项政策得以贯彻执行，这兼顾了契合性与过程性。之后的内部控制结构理论阶段，内部控制目标这一概念被淡化，而强调其是为企业特定目标的实现而服务的，是一种契合性判断标准。20世纪90年代以后，内部控制进入整体框架理论阶段，这一阶段则完全抛弃了运行过程的效率考查方式，全面接受契合性即"提供合理保证"的有效性界定。

对内部控制有效性界定模糊的原因主要有以下两点：一是由于对内部控制的概念定位不够清晰，未将内部控制与企业其他管理活动的职能界限划分清楚。二是由于在管理过程中考察内部控制的有效性存在极大困难，比如内部控制在不同企业与行业间存在很大差别，难以集中考察、统一比较；内部控制的成本收益存在很大不确定性；内部控制的效率和效果常存在矛盾，等等。同时，就我国上市公司内部控制的实践来看，随着《企业内部控制基本规范》及相关指引的实行，其内部控制的有效性已经纳入监管范围。监管的法制化使得相应的内部控制有效性的契合性判定逐渐成为内部控制对外披露信息的主流，而过程判定则更多地应用于企业进行的内部控制管理活动。可以说，内部控制的规范化和法制化是出现这种趋势的主要原因。

针对内部控制体系的设计、实施运行、信息披露分别界定有效性是比较合适的选择，这样既使得内部控制有效性界定从笼统的所谓"内部控制目标的实现程度"深入细化至内部控制制度的各个层面，又明晰和丰富了内部控制有效性自身的层级与内涵。具体来说，界定的内部控制有效性主要表现在以下两个方面：

首先，在制度设计层面，内部控制的有效性是指通过内部控制要素之间及其与外部环境之间、制度相关人与制度之间的良好契合及遵守，发挥内部控制的合理功能，从而实现内部控制目标的程度。这既包括突破宏观环境和企业内环境的相关条件约束，也包括结合内部控制目标在制度设计、信息披露、企业内部控制文化塑造等方面做出的制度选择与优化。在这一层面，内部控制的有效性更多地体现为契约设计与各要素间功能的协调。

其次，在制度运行层面，内部控制的有效性是指通过权力与职责配置、风险控制、监督激励、信息沟通等管理活动的开展与执行，使内部控制得以良好的运行，从而实现内部控制目标的程度。在该层面，内部控制的有效性被更多地从投入-产出角度考察，体现为通过管理与控制活动，不断提高效率，节约交易费用。

（二）内部控制制度有效的标准与测度

第一，从制度优劣对比角度的定序测量，即从能否解决问题及解决程度角度思考制度有效性。如迈尔斯将个案的有效性划分为成功、失败和介于成败之间三种状态。通过设定比较标准与尺度，比较具体环境中不同制度之间，或是制度实施前后的指标变化情况。

第二，从制度所带来的投入与产出角度考量。在投入方面，制度相关成本包括制度功能界定、实际组织、管理控制等发生的成本；在产出方面，主要是相关制度实施所带来的收益如企业收入、品牌知名度价值提升等。

第三，从节约交易费用角度考量。这一思路从制度实施前后带来的交易费用的减少或降低事故发生频率及外部性、信息不对称的程度的角度考察制度有效性。本质上，这一思路是从边际成本的角度对制度有效性的测度。

二、内部控制有效性相关理论

（一）科层结构控制论

科层制最大限度地体现着以有效性为中心的思想，其最早由德国社会学家马克斯·韦伯提出，意指保证组织成员行为合理性、可靠性、准确性及稳定性的合理组织结构及相关控制体系。科层制具有以下一些特点：首先，强调内部明确分工即"形式合理性"，要对组织参与人的权力和结构进行明确合理的界定；其次，强调程序化的命令服从关系即严格的等级规则，相关的权力矩阵不受个人情感的影响，而完全是基于组织结构的特点和职位的需要，在韦伯看来，限制个人情感和能动性能够最大限度地保证整体组织效率的和谐。提出科层制理论的目的是为了通过强调组织权力层级、非人格化、运行的稳定性等特点来最大化地发挥组织功能，节约交易成本，提高制度有效性，而其根本途径在于技术进步和行为的可预期。

1. 控制环境方面

在这一要素中 COSO 委员会强调内部控制环境首先包括主体员工的道德诚信和胜任能力。在各个层级上的强烈的公司道德氛围，对于公司的良性发展、所有的参与者乃至广大公众都是至关重要的。这种氛围会对公司的政策和控制体系的有效性起到重要的作用，有助于控制那些即使最精细的控制体系也无法涵盖的行为。实际上，内部控制所强调的道德诚信是内部控制目标得以实现的文化条件，科层制是特定权力的施用和服从关系的体现。具有特殊内容的命令或全部命令得到特定人群服从的可能性可称为"统治"，韦伯强调："统治不包括纯粹暴力的控制，而更多地限于自愿的服从。自愿的服从又是以形成个人价值氛围的'信仰体系'为基础的，作为个人，他必须深刻认同信仰体系，才能取得行动的一致性、连续性，并最终获得自愿的服从。"换言之，只有拥有正当信念的支持，法律规定、契约协议等才得以遵守和支持。

同时，环境要素还要求权力和责任分配的适当性。一个关键的挑战是只能在对实现目标而言必要的程度上授权，它要求确保承受风险要基于识别和降低风险的合理做法，包括确定风险的大小和权衡潜在的损失与利得，以便达成良好的经营决策。科层制把基于职务本身的组织构造分割成排除个人情感而相互独立的部分，即所谓的权力矩阵，以此保障权力安排的合理性，同时对权力加以细致的界定，即使在一些情况下过分的程序化可能导致有效性低下也在所不惜，这无疑为内部控制的责权划分问题提供了很好的思路。

从内部控制制度的发展演化路径来看，在内部控制制度早期，其功能的发挥更多地依赖于严刑峻法，即强调下级对上级权力无条件的服从，但另一方面还要杜绝权力的无限性。这时，科层制下严格按照职务或任务等级序列物化的界定权力，便显示出了绝对的优势，可以有效地使组织体系中的成员各就其位，抛开个人感情色彩严格依法办事。到了内部控制制度发展的后期，企业内部控制制度更多强调的是其中所蕴含的文化元素和风险意识，个人道德素养和主观能动性被认为在很大程度上影响着企业内部控制的有效性，这时科层制的作用就在于防止过度"民主化"所造成的权力滥用，通过在组织内部层级体系的规则设定，建立上下级互相制约的机制，以理性的方式进行约束和监督，保证企业文化的良性发展。

2．风险评估方面

COSO委员会认为企业应当设定一套风险分析机制，去识别在任何具体的假设或条件下已经发生或很快将会发生的变化，并且应该建立合理的机制去预测那些可能影响主体的变化（这其中包括经营环境的变化、新人员、新技术的引入、公司重组及组织结构的变化等），帮助主体避免即将出现的问题和利用即将到来的机会。而科层制在运行过程中通过最大程度地遵循既定的层级结构和物化标准来避免遭受内部和外部环境的冲击，这是比较有效的避险机制。

另一方面，科层制更强调对关键资源的合理配置，这必然涉及分析组织结构是否适应环境的问题。当组织适应环境时需要保持组织结构的稳定性以发挥其有效性，当组织不适应环境则需要重新设计层级结构、挑选成员、界定各自的权力责任范围，使组织重新趋近于严密和理性。

3．控制活动方面

和内部控制有关的控制活动包括两个要素，即政策和程序。政策确定应做什么，而程序用来贯彻政策，并确保管理层处置风险所需的特定指令得以有效执行。从本质上来说，企业组织系统本身也是一个内部控制系统，而科层制的理念是将控制活动常规稳定地展开，为了实现此目的，科层制要求进行职责分离以降低错误或行为不当的风险。

4. 信息与沟通方面

《内部控制—整合框架》指出，信息系统通常是经营活动的一个不可分割的组成部分，沟通是通过信息系统使信息在组织内部和外部进行传递的过程，它们不仅通过获取决策所需的信息来实施控制，而且也越来越多的致力于贯彻执行战略行动。这要求信息、系统不仅能够控制经营过程，实时跟踪记录交易，还能够适时跟踪目标市场，为企业创造竞争优势

（二）制度自我实施理论

从内部控制的制度属性来看，其本质是一种提供了特定激励框架的博弈规则，诺斯在《制度、制度变迁与经济绩效》一书中指出，制度变迁是一个复杂的过程，这是因为变迁在边际上可能是规则、非正式约束，以及其实施特征的种类和成效的变化之结果。制度变迁的最终路径有两个决定因素：一是制度与组织的共生关系所引起的固定特性；二是由人类对机会及变化的认识与反应所做出的反馈过程，并且制度和所使用的技术一道，通过由决定构成生产总成本的交易和转换（生产）成本来影响经济绩效。由于在制度和所用技术之间存在密切联系，所以市场的有效性直接决定于制度框架。

（三）不完全契约理论

契约理论的研究发端于完全契约，在委托代理关系下，交易成本可以通过无成本的契约签订来确立委托代理关系，完全契约的研究重点在于通过契约条款设计、价格制定和制度安排。在交易主体之间进行收入合理转移和风险分担，规避和防范由于交易主体有限理性、个体机会主义所带来的道德风险和逆选择问题。

不完全契约理论始于格罗斯曼等的研究，他们注意到，单纯的契约界定只能针对或然概率下事前各种可能情况进行条款设计规定交易主体的权力和责任，因此事后监督是研究的中心。现实情况是未来的或然事件不可能由契约做到完全界定，制定完全契约的成本是无限大的，所以契约理论的研究视

角在于如何通过制度安排与设计规避契约不完全所带来的事前投资不足、事后"敲竹杠"及相应的再谈判和所有权及控制权分配问题。

随着不完全契约理论研究的深入，许多学者开始在其框架下构建控制权动态配置模型对企业内权力配置、公司融资决策及垂直与横向一体化进行研究。和借助委托代理理论对内部控制进行的分析相比，运用不完全契约框架下动态权力配置模型对内部控制构建进行分析存在以下优势：

第一，不完全契约分析视角下对内部控制的构建从动态视角加以研究，真正把内部控制当成一个管理过程加以研究，在一定程度上实现了相机配置下的有效性。不完全契约将研究对象划分为若干阶段，每个阶段分别对应不同的企业行为。以 Grossman 和 Hart（1986）的模型为例，其将企业行为划分为事先阶段和事后阶段，前者主要包括企业签订契约和进行初始投资，后者包括根据可观察但无法证实的事后产出状况进行决策，以及谈判和实现利益分配的行为。因为事先预期到可能存在的"敲竹杠"行为，所以事后阶段会影响企业事先专用投资决策，造成投资不足。鉴于此，事先契约必须确定与契约相关的交易规则及最优化的产权基础，同时必须考虑专用投资问题以实现事后收益的最大化，而事后阶段企业需要通过交易与再谈判机制力争提高对既得利益的分配比例，收益分配的预期结果成为交易方事先专用资产投资的动力。企业内部控制过程也遵循这一逻辑，并且同样存在成本投入（专用投资）、执行有效性及谈判机制等要素，因而可以引入该理论借以分析内部控制有效性问题。

第二，和企业的其他信息相比，企业内部控制的相关信息也具有不对称的特征，而不完全契约研究视角的另一个优势就在于考虑到了信息不对称会影响谈判的效率，甚至导致谈判失败，这反过来会在一定程度上影响事先的产权安排。Aghion 等提出了"可转移控制权"（transferable control）的概念，并以此为基础分析在多大程度上控制权转移能够诱导代理人披露其能力或与委托方未来合作意愿的真实信息。所谓"可转移"是指对于控制权能够在某些情况下由一方向另一方转移，但转出方不做事先承诺的情形。契约化控制权情形下，解决信息不对称主要依靠沟通，信号依存控制权相机配置等披露机制来实现，当控制权是可转移但非契约化时，将控制权赋予代理人，并根据控制权执行情况即采取事后监督机制来决定是否转移是最优的。

（四）投资者保护相关理论

通过内部控制防范欺诈的最重要目的之一，是以此保护投资者的权益。投资者保护一直是公司治理研究的一个重要课题，它源于代理问题，核心内容是防止内部人（管理层和控股股东）对外部投资者（中小股东和债权人）的掠夺（expropriation）。早期的投资者保护研究主要以美国公司为研究对象，以委托代理理论为基础，致力于解决股权分散化下的"代理成本问题"，强调通过完备的契约对管理者进行有效的约束和激励，在契约完备的基础上，政府的功能是对公司采取施加压力、惩罚等措施迫使公司善待股东，同时外部投资者的股权集中度越高，投资者权益约会得到合理保护，其公司价值也越高。由此，可以通过激励契约和声誉机制来限制约束代理人。

（五）制度效率理论

从经济学角度看，效率主要是指特定制度下，全部生产资源的投入与所有者的总经济福利之间的对比关系。在早期效率问题研究中，新古典经济学视角下对效率的考查着重于在不同市场条件下，通过企业生产、成本函数的差异体现各自资源配置的优劣。在完全竞争市场环境下，每个企业提供的产量不仅必然位于短期平均成本曲线的最低点，而且也必然位于长期平均成本曲线的最低点，每个企业都只能获得正常利润，并且当行业达到长期均衡状态时，只要每种商品的价格都等于其生产的边际成本，那么所有资源在各种用途上的配置就实现了最高的效率。而在垄断条件下，市场势力会产生社会成本，卖方垄断和买方垄断势力都会使生产低于完全竞争水平，从而造成消费者和生产者剩余的无谓损失。在现实中，由于垄断、信息不对称、外部性和公共产品的存在使得竞争性市场并不能实现理想的高效率状态。

可见，新古典企业理论的核心是给定技术水平后把市场中的所有企业作为一个生产函数（整体），通过价格体系协调进行资源优化配置，企业只要实现了要素配置最优也就实现了效率最优。新古典经济学中的企业效率相关理论其实质是在给定企业存在时关于企业的生产决策理论，而似乎并没有认识到强调企业存在的必要性，仅涉及了一个假设的竞争经济中利润的存在问题。

第二节　影响企业内部控制有效性的因素

一、外部制度环境对内部控制有效性影响的分析

（一）政府与市场关系对内部控制有效性的影响

政府与市场关系综合反映了各地区政府对市场的干预程度、市场分配经济资源的比重、企业的税费负担以及政府的规模和职能等，该指标主要体现一个地区政府职能对市场化的影响程度。自由经济主义学派认为市场经济是自由经济，市场自身就能实现资源的最优配置，一切人为的干预都会降低市场效率。企业作为市场参与者之一，其行为难免会受到市场和政府两个因素的影响。

（二）市场经济成分对内部控制有效性的影响

市场经济成分包括国有经济和非国有经济。非国有经济具有国有经济所不具有的发展活力和潜力，因此被视为衡量一个地区市场化程度的重要指标。由于过去我国实行了多年的计划经济体制，国有经济曾经是我国经济的主要构成部分。随着改革开放的深入发展，我国的非国有经济也如雨后春笋般成长，成为国家经济不可或缺的重要组成部分。一般认为国有经济的股东为国家和政府，在市场经济发展中享有充分的政策、资源优势。因此，国有企业往往成为某个行业的垄断者，影响市场经济的自由竞争和资源优化分配。而非国有经济具有很强的活力，不论在促进市场竞争还是吸收资源配置方面都具有很高的效率，能够充分促进优胜劣汰市场竞争机制的作用。因此，市场经济成分中的非国有经济比例对内部控制有效性有积极作用，即一个地区非

国有经济性质的企业数量比例越高，企业的内部控制有效性越高。

（三）市场发育程度对内部控制有效性的影响

本书所指的市场发育程度包括要素市场发育的程度和产品市场发育程度。该指标综合反映了市场对价格的决定程度、商品的地方保护程度、劳动力流动性和技术成果市场化等内容，这些均是体现市场化程度的重要方面。要素市场发育程度决定了企业从外部市场挑选的管理层和员工素质水平、融资的难易程度等；产品市场则对企业的产品销售和产品定价有直接影响。这些市场环境客观上为企业的经营战略和企业实施内部控制奠定了基础，对企业实施内部控制具有重要影响。

二、公司治理制度对内部控制有效性的影响

（一）股权结构对内部控制有效性的影响

股权结构是公司治理水平的产权基础，它决定着一个公司所有权的配置效率，从而影响内部控制活动。股权结构有两层含义，包括股权构成和股权集中度。股权构成是指各个不同性质股东（例如，流通股和非流通股，国有股和非国有股等）分别持有股份的多少。随着我国股权分置改革的完成，资本市场上的股权构成也越趋于多样化，既有国有股、法人股及社会公众股的划分，也有流通股和非流通股的并存。因此，不同的股权性质将对企业经营管理产生不同影响。根据持股比例的高低以及股东之间的制衡关系，股权结构又指股权集中度和股权制衡度，通常用第一大股东持股比例或者前几大股东持股比例以及这两者之间的关系来衡量。

1. 国有股比例对内部控制的影响

国有股是指有权代表国家投资的部门或机构以国有资产向公司投资形成的股份。国有股的存在有利有弊，一方面，国有控股的企业，往往享有国家政策、税收优惠和政府扶持等优势，同时由于历史上国有企业存在时间较早，因此占据了有利的市场先机和地位；另一方面，国有股通常指定政府和行业主管部门作为其代理人，产生委托代理问题，这些单位和部门拥有监管权但

不享有剩余索取权，因而缺乏对公司经理层的监督和对企业价值的关注。更有甚者，这些代理人可能控制和利用国有股为自己牟取私利。

2. 流通股比例对内部控制有效性的影响

由于诸多历史原因，我国的很多公司存在股权分置状态，即公司存在流通股与非流通股相分离的现象。流通股是指可以在证券市场买卖交易的股票，也就是可以自由流通。而非流通股是指不能在交易市场上自由买卖的股票，正是由于这种不能在股票市场上的自由交易，使得非流通股股东并不关心股票价格，缺乏动力促使他们搞好公司的治理结构，促进公司的发展，因而也影响内部控制的建立和实施。虽然截止至 2006 年底，我国资本市场基本完成了股权分置改革，但还有不少公司存在流通股和非流通股并存的情况。

3. 股权集中程度对内部控制的影响

股权集中度主要是对前几大股东持股比例的一个衡量，是反映公司股权结构稳定性强弱的重要指标之一。对于股权集中度对内部控制的影响，国内学者得出的结论并不一致，如有的学者认为股权越集中，将对内部控制有效性产生负面影响。

4. 股权制衡度对内部控制的影响

股权制衡是指企业前几大股东持股比例相当，或者某几大股东持股比例之和与控股股东持股比例相当，使得大股东之间相互制约、互相监督，任何一个大股东都无法单独控制公司经营决策的股权安排模式。股权相互制衡不仅能保留股权相对集中的优势，而且能有效抑制大股东对上市公司利益的侵害。通常情况下，股权制衡程度越高，其他股东相对于控股股东的势力就越强，相应地，其他股东监督的动机和能力也就越强，控股股东侵害的能力越弱，如此便能够有效缓解"内部人控制"现象。但是股权制衡程度的盲目增大，也会对公司负面影响。这是因为过高的股权制衡度，使得大股东之间更容易产生矛盾冲突甚至权力争斗，导致公司决策效率损失，不利于公司决策的制定和执行。因此，股权制衡度的高低将会影响到公司内部控制制度能否有效实施。

（二）董事会特征对内部控制的影响

董事会是公司的最高决策机关，也是公司治理的核心机构。对内部控制来说，一个积极、主动参与的董事会是相当重要的。这是因为董事会通过契约制度安排，解决了其与监事会、经理之间的权责利划分，保证了受托责任的顺利履行。同时，其从监督战略决策等宏观层面实施内部控制系统，为作业层的具体实施业务提供指导。董事会作为要素层的控制具有导向作用，因此显得尤为重要。

（三）治理层激励对内部控制的影响

治理层包括公司董事、高管和监事。治理层激励是指通过科学的任免机制和执行保障机制，确保有能力的高管、董事和监事做出有利于公司长远发展的科学决策或建议。合理的激励与约束机制确保高管、董事和监事积极通过自身利益的实现来最大化利益相关者的利益，防止高管的故意侵害以及董事和监事的不作为。目前，比较常用的治理层激励包括薪酬激励和股权激励等。

第三节　增强企业内部控制有效性的措施

一、从外部制度环境层面提高内部控制有效性

内部控制是近年来学术研究的热门话题，但在我国经济转型过程中，内部控制制度的建立更可能是内生于外部制度环境的合理安排，因此对内部控制制度的研究除对公司治理有关因素的分析外，还需强调来自外部的法律、市场化程度、劳动市场发育状况等宏观约束因素。如果能够找到并更好地了解影响公司内部控制制度的外部因素，将极大地拓展内部控制的研究领域。

国家目前正通过一系列措施改变不同地区的发展不平衡，如西部大开发、东北老工业基本振兴和中部崛起等，这对改变不同地区制度环境差异，为企业尽快树立独立发展、自我经营的市场经济环境，减少政府对企业的干预将

有很大作用。同时，还应提高产品市场和要素市场的发育程度，加强各省份、东中西部的交流，打破地方政府保护，提高市场竞争程度；加强投资者法律保护和资本市场监管力度，通过改善外部制度环境来提高公司治理水平和内部控制实施效果。同时，现代企业内部控制制度的建立除了要加强公司治理外，还应关注市场环境的不断完善，只有为企业提供充分竞争的市场环境，才能够真正建立较为完善的内部控制制度。

二、从股权结构方面提高内部控制有效性

股权结构直接决定着公司的产权结构，是公司治理水平的基础，不同的股权结构会导致不同的公司产权配置，决定着公司治理效率，并影响内部控制的实施效果。股权结构并没有优劣之分，只有对不同市场经济环境和制度的适应与否，并且表现出不同的公司治理特征。例如，英美公司的所有权特征是大量的公众持股，其大多数的股权高度分散，公司治理特点是市场监控强，主要依靠外部力量对管理层实施控制；而德日公司的股权集中度明显高于英美公司，机构投资者拥有很大比例的公司股份，市场监控较弱，监控主要来自各相关利益主体。不过这两种不同股权结构下的公司治理作用均得到了稳定发挥。

三、从董事会特征提高内部控制有效性

第一，不仅要提高独立董事的比例，更要注意从独立董事的专业性和独立性出发，考核所聘用独立董事的能力，特别在实施内部控制的企业，应加强独立董事对内部控制实施情况进行监督和提出意见。诸多学者的研究表明，在董事会中设立一定数量的独立董事，可以有效改善公司治理，提高企业经营决策的正确性，并能减少财务报告舞弊的发生。由于我国独立董事制度的建立时间并不长久，在聘用独立董事时，更在意是否满足法律法规和公司章程的规定，而对独立董事的专业性和独立性均没进行严肃的考虑，因此造成独立董事的作用发挥得还不充分，没能对公司治理和内部控制发挥应有

的作用。

第二，董事长和总经理两职不得兼任。当前我国绝大多数公司的董事长和总经理是两职分离的，但是，还有部分公司董事长和总经理兼任，这不仅不利于公司的日常经营，而且与完善公司治理效率、健全内部控制制度是相背离的。内部控制制度建立的目标就是为了形成公司内各个主体之间的相互监督和制约，防止出现重大差错和舞弊。若出现两职由一人兼任，在缺乏必要监督的情况下，可能导致总经理滥用权力，损害公司整体利益。随着我国市场经济的发展，两职合一的弊端表现越来越明显。因此，从内部控制的角度出发，董事长与总经理两职应该分设。

第三，完善专门委员会制度，让其参与内部控制制度建设，并在年报中披露这些委员会的履职情况。在以董事会为核心的内部控制制度中，董事会下设置包括审计委员会在内的各种专门委员会可以增强对公司的监控力度。虽然目前上市公司建立四个主要专门委员会的占绝大多数，但还存在一些公司未普遍建立审计、薪酬和考核、提名等委员会，董事会职能缺失或效率低下。值得一提的是，公司应特别注重发挥审计委员会的作用。

四、从治理层激励角度提高内部控制有效性

公司治理层包括董事、监事和高管，从实证结果来看，治理层激励对内部控制没有影响。因此，公司应注重利用薪酬和股权激励，尤其需要强调的是，运用股权激励促使高管为建立健全内部控制服务。

因此企业应适度减少对管理层的薪酬激励，提高股权激励比重。公司管理层是企业经营活动的主体，也是公司提高公司业绩的主要承担者，而内部控制的实施与企业经营管理和业绩息息相关，对管理层实施股权激励，将企业价值与管理层利益相挂钩具有良好的激励效果，国内外研究文献和实践也表明，股票期权激励的效果要普遍好于其他激励手段。

但是，由于我国特殊的历史背景和市场环境，企业对运用股票期权激励的重视程度还不够，我国企业股票期权激励的实施范围很小，股票期权的比

例也偏低，其激励作用发挥不明显。因此，当前我国企业应提高股权激励在管理层激励中的地位和比重，提高公司管理层为公司服务的积极性，在此基础上，内部控制质量也能得到提高。

同时，由于公司规模和资本结构对企业内部控制有效性也有影响，因此，一方面，企业还应不断提高自身实力和规模，提高运用资源的能力和效率，以充分利用规模效应对实施内部控制到来的好处；另一方面，还应注重企业资本结构的优化，在与企业整体战略不背离的情况下，适当提高负债水平，选择最优的资本结构，以利用外部债权人对企业内部控制建设形成监督机制。

第五章　基于博弈模型的现代企业内部控制

第一节　内部控制演进博弈模型的构建

一、参与人

参与人（partner），即博弈中通过选择行动以最大化自己效用的决策主体（个人或组织）。内部控制演进博弈模型中的参与人为内部人、外部人，其中内部人包括管理者和投资者。

企业管理人员需要一整套有效控制所辖资源的机制，以有效地使用企业的各种资源，实现企业的目标。尽管他们不是该理论的最先提出者，但他们却是内部控制的应用者和实际执行者。但由于所有权和经营权的分离，职业经理人的出现，使得实际的投资者沦落到了出资者的地步。

他们对企业经营管理的直接关注越来越少，了解的具体经营情况也越来越少，更多的是面对年度和半年度的财务数据，他们希望在企业内部有一套能够保护其投资和收益的机制。

外部人包括政府监管部门和注册会计师。外部监管者希望通过内部控制使企业遵守有关的法律法规，维护社会投资者和国家的利益，保持良好的市场秩序。审计人员是内部控制理论研究的发起者和推动者，也是该理论发展至今最大的使用者。他们主要是为了提高审计效率，降低审计的成本，从企业的内部控制中抽出与财务报表审计有关的部分形成自己的概念。

二、行动

行动（action），即参与人在博弈的某个时点的决策变量。内部控制演进博弈模型中的行动为推动演进、保持现状。

三、信息

信息（information），即参与人有关博弈的知识。内部控制演进博弈模型中的信息为两博弈方同时决策，且两博弈方对各方得益都了解。

四、战略

战略（strategy），即参与人在给定信息集下的行动规则。内部控制演进博弈模型中的战略指：内部人或外部人会在推动内部控制演进的收益与成本之差大于保持现状的收益与成本之差时选择推动内部控制演进，而在推动内部控制演进的收益与成本之差小于保持现状的收益与成本之差时选择保持内部控制现状。

五、均衡

均衡（equilibrium），即所有参与人的最优战略或行动的组合。内部控制演进博弈模型中的均衡，由于支付函数是变化的，所以在不同情况下均衡也会不同，均衡解为内部人保持现状、外部人员保持现状；当内部人支付函数先变化，且 $a-b-c>d-f>d-e-f$ 时，均衡解为内部人推动演进、外部人保持现状；当外部人支付函数先变化，且 $m-n>p-q+e>p-q$ 时，均衡解为内部人推动演进、外部人推动演进。

第二节　博弈模型的内部控制演进历时性分析

一、自发性内部控制阶段

人类社会经济发展史中，早已存在着内部控制的基本思想和初级形式——内部牵制。远溯公元前 3600 年前的美索不达米亚文化时代，简单的内部牵制措施已经出现在原始的会计实践中。古埃及在法老统治时期，国家银库的实物收发实行了较为严格的手续制度，对于入库的银子、谷物及其他实物，由一名记录官记录，另一名记录官在仓库顶上观察记录倒进库里的数量，第三名记录官将前两个人记录的数字进行核对。当时，仓库的收、发、存记录要由仓库管理官的上司定期进行审查。记录官、出纳官和监督官，他们各负其责，相互监督，以防差错和舞弊。这些做法实际上就蕴涵着内部牵制的最初形式。

在我国，内部牵制制度到西周时期已基本形成，其思想最早见于《周礼》一书。除此之外，西汉的上计制度，宋太祖时期的"职差分离""主库吏三年一易"制度，都是内部牵制的表现。

到了 15 世纪，资本主义得到了初步发展，复式记账法的出现推动了企业管理的发展，以账目间的相互核对为主要内容、实施职能分离的内部牵制开始得到广泛的应用。15 世纪末，借贷复式记账法在意大利出现。自此，对管理钱、财、物的不同岗位进行分离，并利用其勾稽关系进行交互核对，直到 19 世纪末期，一直被认为是保证所有钱物和账目正确无误的理想牵制方法。

20 世纪初期，西方资本主义经济得到了较大发展，股份有限公司的规模不断扩大，生产资料的所有者和经营者相互分离。一些企业在日趋激烈的竞争中，逐步摸索出一些组织、调节、制约和检查企业生产活动的办法，即按照人们的主观设想，建立"内部牵制制度"，以防范和揭露错误。《柯氏会计词典》（*Kohler's Dictionary for Accountant*）给它下的定义是："为提供有效的组织和经营，并防止错误和其他非法业务发生而制定的业务流程，其主要特点是以任何个人或部门不能单独控制任何一次或一部分业务权力的方式进行组织上的责任分工，每项业务通过正常发挥其他个人或部门的功能进行交叉检查或交叉控制。"

由于人们对上述内部牵制要领长期以来没有根本的异议，以致在现代的内部控制理论中，内部牵制仍占有相当重要的地位，并成为现代内部控制理论中有关组织控制、职务分离控制的雏形。

二、自觉性内部控制阶段

随着资本主义经济的发展，公司等经济组织步入经济舞台，尤其是在 19 世纪中叶至 20 世纪初叶，产业革命相继在英美等国家完成，推动生产关系和生产力发生了重大变化，促进了社会化大生产的发展，加剧了企业间的竞争，导致企业内部加强管理的呼声更加强烈。同时，为了保护投资者和债权人的利益，各级管理人员也不得不开始进行全面企业管理的探索。在泰罗制等管理理论的指导下，企业经营管理者从内部牵制原则出发，尝试着在组织结构、业务程序、处理手续等方面采取了一系列控制措施，对其所属部门的人员及工作进行组织、制约和调节。于是，以职务分离、账户核对为主要内容的内部牵制，逐渐演变成由组织结构、职务分离、业务程序、处理手续等因素构成的控制系统。

进入 20 世纪以后，内部控制得到了突飞猛进的发展。20 世纪 30 年代出现的世界性经济大危机，迫使很多企业为求生存、免遭破产厄运，加强了对生产经营的控制与监督，这就促使企业的内部控制工作进一步超越会计及财务范畴，深入到企业所有部门以及整个业务活动当中。

自然科学技术的迅猛发展，企业规模继续扩大，巨型公司不断出现，市场竞争异常激烈，企业生产过程的连续化、自动化程度以及生产的社会化程度空前提高，许多复杂产品和大型工程需要大量高素质人员在分工协作、检查验收和评价督促的良好环境下才能完成，所有这些都对企业管理提出了建立健全人员条件、检查标准和内部审计等控制措施的要求，并促使内部控制从对单项经济活动进行独立控制为主向对全部经济活动进行系统控制为主发展。制度环境发生了较大的变化，使得旧的内部牵制制度不能适应此时的环境变化，从而在某种程度上推动了内部控制的进一步发展。

因此，以账户核对和职务分工为主要内容的内部牵制，从 20 世纪 40 年代开始逐步演变为由组织结构、岗位职责、人员条件、业务处理程序、检查标准和内部审计等要素构成的较为严密的内部控制系统，这便意味着真正的内部控制诞生了。

第三节 博弈模型的内部控制演进趋势分析

一、影响因素的演进分析

(一)生产力和社会形态

随着第三次经济浪潮的到来,企业技术创新能力日益增强,企业在具有更强的生存的同时也置身于更加激烈动荡的竞争环境中。另外,知识经济的到来又对内部控制理论提出了新的挑战,可以说,知识经济带来了内部控制理论基本原则的根本变革。传统的内部控制理论内含的基本原则是:控制的目的是要使一切都在管理人员的掌握之中,所有的生产经营活动都有条不紊地进行;是要实现每一人和每一物在恰当的时候处在恰当的位置上。

在这一思想的指导下,设计内部控制的管理人员必须事先预计到各种可能性,规定每一个人在所有可能的情况下应当履行的职责、程序和手续,并据此制定政策。管理人员不是先知,他只能根据自己对历史经验的记忆和逻辑推理能力来预测各类事件发生的可能性,这实际上隐含着经验管理的假设。

在工业经济时代,影响企业经营的外部环境因素和内部因素基本上是稳定的,或虽是变化,但变化具有连续性的特征,从而基本上是可以预测的。在这样的背景中,该假设基本能够成立。

但在知识经济正在到来的今天,经营管理的上述背景正在或已经发生变化,影响企业经营的环境不仅日益复杂,而且愈来愈不稳定,其变化不仅无法控制,而且越来越难以预测,同时,多样化的顾客需求和频繁变化的市场要求企业活动的内容与方式及时调整。这些应对环境变化的适时调整往往难以在过去累积的历史经验中找到现成答案,管理人员也无法预测企业调整的各种可能性。

(二)审计

审计模式是对审计技术和方法的内在结构尤其是主导因素进行概括和总

结的产物。审计模式也处在动态的变革之中。从全面（详细）审计发展到非全面（抽样）审计是审计模式变革的总体脉络，根据审计样本选取原则的进步，非全面审计也在不断演进。总的看来，审计模式的变革大致上已经、正在或者将要经历的轨迹为：账项基础审计（transactions based auditing）——制度基础审计（system based auditing）——风险导向审计（risk based auditing）——业务基础整合审计（business based integrated auditing）。账项基础审计实质上是直接针对会计账目和数据进行的详细审计，它于 19 世纪中叶起源于英国。制度基础审计是通过对内部控制制度的评价来确定实质性测试的范围和程度的审计模式，它大致形成于 20 世纪 40 年代。风险导向审计立足于对审计风险进行系统的分析和评价，并据此对审计进行规划，它发轫于 20 世纪 80 年代。业务基础整合审计尚在萌芽之中，其核心是根据以经营业务为基础的风险控制评价来分配审计资源。

（三）组织形式

内部控制发展也表明，内部控制的强化曾为组织变大、变强，从而走向正规化打下了坚实的基础。如果没有规范的内部控制制度及其统一的评价标准，会计信息的质量就无法得到保证，股份制的组织形式也无法发展壮大起来。因此，无论是在现在，还是将来，推动和引导组织发展也应成为内部控制的机制和目标之一。

（四）公司治理

现代公司制企业具有独立的法人人格，拥有法人产权。对法人人格而言，就需要法人产权安排的具体化实现形式，这也就是公司治理结构的本质。公司治理产生的基础是委托代理。

传统的委托代理理论以股权分散的公司为研究对象，因此，其研究的焦点是经理层和股东之间的代理关系。如何解决投资者与管理者之间的利益矛盾一直是西方传统委托代理理论研究的核心命题，基于充分分散的股权结构，它将公司全体股东和管理者均抽象为单一主体，从本质上是研究单一委托人与单一代理人之间由于信息不对称产生的逆向选择和道德风险问题。然而，现在许多国家的大量证据表明：现代各国公司的股权结构的普遍特征是高度集中或相对集中，尤其是在我国，股东异质性特征明显，越来越严重的大股东的掠夺行为也成为各国公司治理中尖锐的问题。

基于西方传统单一委托代理理论的公司治理分析并不足以或并不适于解释与解决股权集中条件下的代理问题。集中股权下控股股东和小股东间的利益冲突推动着上市公司间双重委托代理关系的形成：所有者和管理者之间的代理问题及大股东和小股东之间的代理问题。无论是所有者与管理层代理层次上的背德行为，还是大股东和小股东代理层次上的掠夺行为都是对企业法人产权的侵害，是对企业利益相关者利益的损害，是企业法人产权具体化实现形式安排的不当，具体而言就是公司法人治理结构以及内部控制的设计在防范由企业内部各行为主体的背德行为与非理性行为所导致的风险上的不得力，二者之间缺乏一种链接与互动。

内部控制活动是公司治理活动的具体化，没有控制活动，公司治理结构就成为空中楼阁，同时公司治理结构又影响着企业内部控制的建立及运行效果。如果没有一个清晰有效的公司治理结构，管理者就容易发生道德风险和自利行为，甚至千方百计地绕过企业的内部控制，这时，缺乏足够的高层支持，设计再好的内部控制也会失效。

（五）管理

肯尼思·克洛克等在《管理的终结》一书中认为，被动的、等级制的管理已经走向终结，彼得·德鲁克式的自我管理和引导式管理才是未来管理的发展方向。相应地，内部控制也应该发展为引导控制。

知识经济使企业的生产、经营和管理诸方面变得更加柔性化，控制和管理一样，更多地成为一门艺术，而不仅仅是科学。人力资源成为企业中最核心的要素，人的主观能动性决定了人力资源发挥作用的程度，一切控制都要围绕这一点进行。同时，不断变化的市场环境要求企业对变化做出敏捷的迅速的反应，这都迫使企业不得不减少管理层次，进行分散决策，丰富工作内容，留给员工更多的自主空间。书面的政策文件的影响力越来越微弱，企业只有通过主动地建立和加强良性的控制环境，引导、激励人们正确地履行责任，实现企业的目标，将外来的压力变成人们内生的动力。在这个过程中，控制环境逐渐与企业文化融合。控制环境对内部控制的效果影响更大，并升华为企业文化。企业的文化、公司治理结构、公开化的操作和透明度高的信息支持越来越多地影响着内部控制的效果。

二、内部控制的未来发展趋势 —— 更高层次的自觉性内部控制

在第三次经济浪潮到来之际，全球化、信息化、网络化打破了常规的发展规律，组织变革速度远远超过以前的工业经济。

在适应知识经济要求的内部控制结构当中，控制环境、资讯与沟通、风险评估三足鼎立，成为内部控制中同等重要的因素，占据着主导地位，是在内部控制架构中并行的三大平台和三大主体。同时，在需要统一指挥和保持相对稳定的领域保留一定的硬控制活动，软硬结合，以软控制为主，纳入非正式组织和非正式制度，才能适应新的经济环境对内部控制的要求。与企业再造相适应，内部控制再造的时代也已来临。

第四节　博弈模型的内部控制建设建议

一、完善法律并加强监管

从内部控制系统的整体有效性来说，企业治理控制是核心，是内部控制的动力来源，只有在企业治理控制有效的情况下，内部管理控制才会有效，从而，企业整体的内部控制才会是有效的。因此，这一切问题的根源就在于相关法律的不完善或即使完善也没有得到有效实施，股东、员工等企业利益相关者的利益得不到切实的保护，公司的治理控制名存实亡，企业的控制权几乎完全掌握在管理层手里，而管理者掌握了企业资源更是如虎添翼，几乎可以完全不顾所有者的利益，完全按自己的意愿行事。

因此，我国的企业内部控制建设绝不是制定一个统一的内部控制指南就能解决的，而更需要进一步完善法律，加强监管，切实保护企业利益相关者各方的利益，完善企业内部控制系统的环境，不断强化管理层的内部控制责任，才能保证这个统一内部控制指南的有效实施，才能保证企业内部控制的建立和完善。

二、建立具有战略化集中控制能力的内部控制系统

在未来，关乎企业生存的长期目标必然超越现实的目标，为达到长期目标，企业应制定相应的战略，并把包含战略的长期目标转化为具体的决策和行为。相应地，内部控制系统必须具有战略化的集中控制能力。控制不再仅仅是约束行为的工具，更应成为实现变革的工具。

三、建立一个控制运行的平台

未来的内部控制应着眼于增强企业的应变能力和学习能力，实行权变控制和分权控制。知识经济使资讯与沟通在内部控制中的地位更加凸显。在知识经济条件下，知识正变为最重要的经济资源，对知识的获取、共享和利用的能力，成为企业生存和成长的关键因素。不论是获取、共享，还是利用知识，都需要资讯与沟通系统作为载体。

资讯与沟通是否良好，决定着企业能否收集到大量及时的内部和外部信息，能否实现信息在企业各层次、各部门之间迅速地传递和交流，能否率先在已有信息的基础上进行知识创新，占领市场制高点，把握先机。建立一个统一、高效、开放的资讯与沟通系统，为其他一切控制提供运行的平台，应当成为企业内部控制的重中之重。

四、建立基于信息化结构的内部控制

随着组织对内部控制的需求不断扩大，内部控制的内容日益复杂，内部控制的流程也日益程序化。在这种情况下，内部控制的固有缺陷也就越来越

明显，即内部控制的成本偏高、效率低下、反应速度缓慢、灵活性偏差。企业的管理资源是有限的，控制也是需要成本的，这就是企业在没有法律强制要求的情况下，都倾向于将内部控制简化的重要原因。

进入 21 世纪，我国内部控制建设在政府、行业的推动下，正从理论研究向政策指导、实务应用领域迅速展开。内部控制建设和完善是一项长期而艰巨的工作，考虑到我国的法律环境、产权体制、管理理念和人员素质等方面与西方社会有很大的不同，我们应在借鉴西方内部控制理论成果和实务经验的基础上，结合中国的国情，建立一套与我国经济发展相适应的内部控制制度体系。

第六章 基于风险管理的现代企业内部控制

第一节 内部控制与风险管理

一、内部控制与风险管理关系研究

(一)内部控制和风险管理的差异

1. 狭义上的目的差异

内部控制的目的主要是依托较系统和规范的操作流程和制度,对企业经营管理的合法性、合规性,资产的安全性,以及财务会计信息的真实性、完整性提供合理的保证,以提高企业的经营效率和绩效,促进企业向着既定发展战略方向前进;而风险管理的目的是要防范风险,从源头上控制风险的发生或者预测风险可能的影响程度并设法使其降到最低,甚至从风险管理中获得收益。

2. 应用环境的差异

内部控制的制定和实施都主要是在一个内部环境下进行的,管理者根据企业的不同性质、不同特点、不同发展阶段来制定不同的内部控制制度,并运用于企业的日常运作中;而风险管理需要综合考虑企业在内外部环境所面临的风险,进而把风险管理的要求融入企业管理和业务流程中。

3. 构成要素的差异

根据 COSO 相关报告内容,内部控制主要包括五个要素:内部环境、风险评估、控制活动、信息与沟通、监督;而风险管理在此基础上新增了目标设定、事项识别和风险应对三个要素,并且相同的要素也有着不同的内涵。

总的来说风险管理的构成要素有着更广泛的内涵，增加了对风险的度量和考察。

（二）内部控制和风险管理的联系

1. 最终目标是一致的

尽管内部控制和风险管理建立和实施的首要目标存在差异，但是从保护企业利益不受损害和促进企业价值创造的最终目标来看，内部控制和风险管理是一致的。

2. 实施主体是一致的

无论是内部控制还是风险管理，都需要企业全体员工的积极参与和配合，而并不是企业某一层级的特权或专属物，内部控制或风险管理如果不能动员企业全员参与，那么所制订方案的实施效果将会大打折扣。

3. 风险管理是内部控制的发展方向

COSO 风险管理框架是建立在原有的内部控制框架的基础之上的，是对原有内部控制框架的延伸和细分。只是在新的复杂的市场经济环境下，企业面临巨大的内外部各类风险，因此以风险管理为导向的内部控制管理模式会更利于企业的发展，同时企业也需要将更具有主动性的风险管理纳入企业内部控制的考虑范畴，化被动为主动，占得先机。

二、内部控制与风险管理

（一）内部控制与风险管理的融合

关于内部控制与风险管理的关系，有两种截然不同的观点：一种观点认为二者是一对既相互联系又互有区别的概念，无法完全相互替代；另一种观点认为，二者是同一事项的不同术语，没有本质上的区别，可以相互替代。

之所以有这两种观点的对立，主要是因为学者们对内部控制与风险管理内涵与外延的界定不同，前者把内部控制作为风险管理的一个步骤和手段，或者是把风险管理作为内部控制的一部分，而后者是把内部控制与风险管理完全等同。

从理论上讲，内部控制与风险管理逐渐走向融合，体现在：一是概念趋同，内部控制与风险管理的概念虽然还没有达成共识，但两者均是合理保证目标实现过程的观点已经越来越被人们所接受；二是目标相同，内部控制与风险管理的目标虽然有很多种表述，但实质上都是为了防范风险，把风险控制在可控范围内；三是程序一致，内部控制与风险管理的程序虽然基于不同规范的不同要求，在形式上不完全一致，但都强调要风险识别、风险评估、风险应对和风险控制等基本程序，这在实质上是基本一致的；四是方法互用，内部控制经常运用风险管理的方法，而风险管理也经常运用内部控制的方式方法。

（二）内部控制与风险管理的协同

要实现内部控制与风险管理的融合，确实是一件说起来容易做起来难的事情。这里的阻力不仅仅来自学术界，还来自各国政府下属的监管机构。内部控制与风险管理的异同，在理论上可以归纳出好多点，但是要把二者融合在一起，对于长期致力于内部控制或风险管理领域研究的专家而言，于情于理都是难以接受的。

不同的政府监管部门，甚至是同一监管部门的内部，有要求构建内部控制的，有要求强化风险管理的，使得被监管者无所适从。而在实践中，大多数企业已经把内部控制和风险管理两方面工作逐渐融合在一起了。

既然内部控制与风险管理已经融合，那么在实际工作中，对于内部控制和风险管理的建设就应该协同进行。没有必要对同一目标下的事项制定两套手册或指南，只要把控制和风险融合在一起共同制定一套制度即可，以减少不必要的重复和浪费。

同时，也没有必要既设立内部控制部门，又设立风险管理部门，只需建立一个风险综合控制部门即可。在事项上，不仅要把内部控制与风险管理整合起来，还应该与公司治理整合起来，把风险控制系统整合到治理、战略和运营中。

第二节 基于全面风险管理的企业内部控制现状及成因

一、基于全面风险管理的企业内部控制现状

（一）作为全面风险管理基础的企业内部控制水平低下

内部控制为企业进行全面风险管理奠定了基础，同时也是进行全面风险管理活动的根本要求。企业在拥有完善内部控制体系的基础上，能够尽可能以最少的资源、成本进行有效的风险管理活动，那么企业就拥有了控制和管理企业风险的捷径。我国企业内部控制整体构建水平低下的主要原因有两个：一是我国处于社会主义市场经济的改革时期，企业内部控制的环境难以稳定，而企业的内部控制环境是构建企业内部控制的基础，企业内部控制环境的好坏决定企业进行内部控制活动能否得到预期的控制效果，而人力资源又是形成良好企业内部控制环境的要素之一。我国大多数企业员工的职业素质和品德素质欠缺，企业归属感和胜任力度不够，企业风险管理文化不够鲜明，而企业组织机构设置不科学等也导致企业内部控制环境不够成熟。因此，内部环境对于内部控制至关重要。二是内部控制制度在企业中没有得到良好的执行。企业内部控制执行不到位也是我国企业内部控制水平低下的标志之一。企业在日常运行活动中能否严格按内部控制制度的规定执行，对内部控制建设至关重要，而我国企业执行力欠缺的现象普遍存在。

（二）全面风险管理机制不完善，全面风险管理部门设置混乱

科学的全面风险管理制度是内部控制的重要组成部分，系统、完善的风险管理机制是企业良性运转的保障。如果企业建立一套完善的全面风险管理机制，并且加以有效运用，做好防范风险的准备，当潜在的风险来临或者已经发生风险时就可以有效管控，将损失降到最低。然而实际情况是风险往往没有引起多数企业的重视，在管理中没有风险防范意识，应对风险方面往往处于一种被动的姿态，有的企业虽然建立了全面风险管理机制，却因不成熟，

难以发挥其应有的效用。

我国企业全面风险管理机制不完善主要表现在两个方面：

一是没有设置专门的全面风险管理部门。在企业面临随时被风险包围的今天，实施风险管理应当是企业控制目标的重中之重。在企业中设置专门的全面风险管理机构是其控制风险必不可少的举措之一，而我国目前仍然有许多企业没有设置专门的全面风险管理机构，使其缺乏风险管理的"大本营"。

二是全面风险管理部门与其他职能部门责任划分混乱。目前，我国设立有全面风险管理部门的企业也比较多，但是有些企业虽然设置了专职部门，却没有给该部门制订规范的部门管理制度以及明确部门的职责，或者没有配备专门的风险管理人员，使全面风险管理部门形同虚设。

（三）全面风险管理的技术运用不够先进

根据 COSO 委员会最新的报告显示，企业全面风险管理体系需要一定的专业技术方法来支撑各个环节和步骤的实施。没有专业技术方法的支撑，全面风险管理只能是纸上谈兵。而国际上许多著名的风险管理典范企业，无一不是通过聘请专业的风险管理技术人员及引进较先进的风险管理软件等方式来实现其风险管理水平的提高的。我国却由于国内风险管理信息化水平低，相关从业人员的技能落后等现实原因，无法满足企业全面风险管理技术方法的需求，导致国内企业掌握全面风险管理的技术方法水平落后于世界水平。

二、基于全面风险管理的企业内部控制成因

（一）内部原因

1. 公司法人治理结构不合理

良好的公司治理结构为企业内部控制体系的有效运行提供组织保障，而作为企业核心制度的法人治理结构，则是现代企业制度中最重要的组织构架。企业所有权与经营权相分离是现代企业制度的主要特征，这种分离管理企业的形式使得企业管理的范围不断地增大、层次不断地增多、管理职能也在逐步地细分解。根据以上的叙述，可以看出一个相对合理的法人治理结构是可

以更好地保障所有者、经营者以及债权人等一系列利益相关者合法的权益的。

然而，我国正处于现代企业制度的变革时期，相关法律法规尚不完善，给一些企业的违规行为提供了便利，尤其是在公司治理结构方面被不法企业扭曲得非常严重，甚至还有一些公司连公司治理结构中一些最为基础的要求都没有达到。还存在一些企业虽然按照规定建立了跟企业相关的法人治理结构，但是这种结构却成了摆设，只有现代企业的外壳，国家想要通过结构来达到的内部权力相互制衡的效果没有达到，甚至离目标相差很远。这其中最为典型的表现就是内部人为操纵现象十分普遍，企业的董事会作用被严重地弱化，监事会的相关权力成了虚置，股东大会也只是流于形式没有起到真正的作用。

2. 管理者管理理念落后，工作人员职业道德素质普遍偏低

人力资源是最重要的资源，同时也是全面风险管理的执行主体和控制对象。企业的人力资源主要分为两部分，一是企业的管理人员，即领导层；另一个则是企业基层普通员工。由于管理层对企业内部控制体系的建立及完善承担着最为主要的责任，所以，管理层的管理理念也就成了风险管理质量的重要决定因素之一。除了对管理层有较高的要求之外，企业的员工也不仅要具备能够胜任工作的能力，而且还要具有较高的综合素养。而我们国家许多企业的管理者对新型的风险管理理念和新的管理技术十分地缺乏，在与经营相关的一系列过程中存在着明显的短视行为，对全面风险管理理念缺乏长远的计划。

另外，除了知识方面以及技能方面出现了严重的不足外，还出现了一些企业的内部管理者个人品德以及职业操守缺失严重，有一些管理人员利用自己拥有的企业的职权来牟取私利，将自己所在企业的相关利益置之度外。除此之外，企业的管理不仅仅只是管理层的事，企业内部的普通员工个人综合素质以及普通员工的职业道德素质也对企业的全面风险管理的实施程度产生着不可以替代的重要作用。目前，我们国家企业中的普通员工在整体胜任力方面是偏低的，对企业的归属感也比较弱，这就造成了日常的工作效率偏低。

另外，企业的财务人员的专业水平以及专业知识的高低也对企业的长期发展产生着直接的影响。我们国家企业中大部分的财务人员都没有经过十分专业的学习，对相关的财经法规、准则制度了解不够，职业道德素质堪忧，未能为提高企业经营管理水平做出应有的贡献，更不能为企业管理层做出决策提供科学的依据，甚至有些财务人员无视财务纪律，为了讨好领导在财务报表中弄虚作假，这就使得与企业财务相关联的一切信息都出现了严重失真的现象。

3. 内部审计机构缺乏独立性，导致监督缺失

内部审计的独立性决定了其特殊性，它是企业内部监督的重要形式，同时也作为内部控制的一种形式而存在。它最大的作用是来评价企业的内部管理活动以及企业进行的经济活动是不是合理的以及合规定的，并且对企业的行为进行有效性的判断。从另一个层面上来看，企业内部审计机构凌驾于企业内部控制之上，是对内部控制进行二次控制的机构，同时它也是衡量企业所有工作人员工作业绩的一项十分重要的管理控制机构。虽然在我们国家很多企业都相继成立了与内部审计相关的监督机构，也按照要求制定了相应的内部审计监管制度，但是这些建立的内部审计机制都不是十分健全，缺乏它们应该具备的独立性，这就致使在内部审计制度的整个执行过程中出现了很多不容轻视的问题。

因为，在我国，内部审计是直接受到企业的总经理或者分管企业的财务副总经理的领导，并不能够直接地监督它的上级甚至是同级，工作质量直接受单位领导的制约。因此，企业内部审计无法在地位上实现独立，也不能很好地发挥其监督作用，对于高层管理人员更是无能为力。另外一个重要的原因是，内部的审计人员在人事归属层面上属于本单位，其切身利益严重地受到所在单位的控制，这进一步地制约和影响了企业内部审计机构的独立性。所以，内部审计机构也就不可能发挥它应该具备的约束力和监管力。

（二）外部原因

每一个企业都是社会经济链条的重要细胞，它并不是一个孤立的经济系

统，相反，它存在于社会的经济大环境中，并且会受其所处的社会时代背景影响。目前我们国家的企业的外部经济以及各种环境仍然是不太完善，还存在着一些十分不利于企业全面风险管理视角下内部控制体系建设的因素。

1. 市场环境和经济形式的复杂多变，使企业风险管理面临更多挑战

在世界经济一体化趋势不断加强的形势下，企业面临的市场由国内向国外扩展，给企业带来新的发展领域。然而，在带来发展契机的同时也将国外的企业带入我国的市场，给我国企业造成巨大的竞争压力，企业很容易遭遇各类风险和困境。因此，为了满足企业持续经营和发展，促使我们国家的企业可以更加积极地面对环境中的各种风险，在企业的内部实施全面风险管理不仅对企业是非常必要的，对整个社会都十分重要。

2. 相关法律法规的不完善，使企业缺少统一管理制度规范

在我国政府部门出台的法律规范中，已经多次提到我国企业全面风险管理以及内部控制工作，最具有权威的就是在 2008 年及两年后，《企业内部控制基本规范》和《企业内部控制规范讲解》的发布。在这两部具有重大意义的法规中，都对企业风险管理及全面风险管理的相关理念有所涉及，在政策上为我国企业全面风险管理的建设提供了指导。但是，这些政策指导和规范性文件主要是为大型企业量身打造的，对于众多的中小型企业而言却是无章可循。另外，已经出台的相关法律法规针对的行业类型比较模糊，使用范围比较狭窄，对于各个行业的企业而言，实用性非常低。

3. 外部监管的乏力，使企业缺少健全内部控制体系的外部动力

我国企业要健康、稳定的发展，离不开政府及其他外部监管机构的规制。目前为止，我国已经形成了以政府监督部门为主导、其他外部监管机构为辅助的企业外部监管体系，这些外部监督主体会依据相关法律法规的规定对企业内部控制进行监督检查，督促企业及时改正不合规定的行为。

然而，因为各种监督的功能出现了交叉，监督标准也不完全一致，以及监督各个主体们之间缺乏横向的信息沟通，导致针对企业的外部监督很难形成有效的监管合力，再加上监督的环境十分不规范以及监管者的职业素养水

平不高，导致企业外部监管难以发挥其应有的作用，使企业缺少健全内部控制体系的外部动力。

第三节　基于全面风险管理的企业内部控制体系构建

一、全面风险管理视角下企业内部控制体系构建原则

企业在构建内部控制体系时并不是根据自身的发展需要而任意地制定的，而应该是以相关理论为指导，在相关法律法规规定的范围内进行内部控制体系的构建，以保障其建立的内部控制体系的有效性和科学性。

（一）全面性原则

全面性原则是构建内部控制体系的重要原则之一，它能够保证企业所制定的内部控制体系是全方位、多层次地考虑，且贯穿于企业经营的每一个环节，包括人力、财力、物力、信息及各项业务和非业务领域，涵盖企业所有部门和岗位。除此之外，全面性还应该体现在企业员工参与的全体性，确保从企业高层管理者到基层执行人员都受到相应的控制与管理。

（二）有效性原则

有效性原则是构建全面风险管理型内控制体系的基本原则，它要求企业所制定的内部控制体系必须与企业所设立的机构及各部门职能相适应。既要符合国家经济发展的各项政策要求，又要体现企业自身的行业特点和管理模式。除此之外，企业还应该根据内外部环境的变化，不断地对内部控制体系做出调整和更新，以保证其实施的有效性。

（三）成本效益原则

成本效益原则是指导企业运行的首要原则，追求价值最大化是企业的最终目标。建立全面风险型内部控制体系可以增强企业识别和抵御风险的能力，使企业尽可能地减少损失，为企业持续经营提供保障。但是企业建立这一套内部控制体系需要付出一定的构建成本，在该系统运行下，企业效益大于成

本，则证明控制体系是必须贯彻执行的。而当控制系统产生的成本效益差别不明显甚至成本大于效益时，则应进行适时的调整或撤销，争取以最小的管理成本获取较高的经济效益。

（四）系统性原则

企业所制定内部控制体系应该是一个完整的、有机统一的整体，所有制度的制定都必须以实现企业战略目标为主线。为了保证企业各个部门和各个岗位均能按照其特定的职能目标相协调且发挥积极的作用，必须使企业的职能部门与岗位的设置既符合不相容原则又相互联系，使得企业内部控制体系的各个组成部分能相互补充、相互促进和相得益彰。

（五）以人为本原则

人是企业发展的重要资源，全面风险管理视角下的内部控制体系主要是由人来执行和贯彻，具有很强的人文性。由于个人的生活背景、知识结构和理解能力的不同，导致企业不同员工对风险及内部控制的认识也存在差异。所以，企业必须根据员工的具体现状及需求出发，制定以人为本的内部控制体系，这样有利于所制定的内部控制体系更好地被员工所接受，从而提高内部控制的执行力度。

二、全面风险管理视角下企业内部控制体系构建的基本思路

（一）建立健全组织结构，明确权责分派体系

1. 明确法人治理结构

组织结构是企业运行的基本构架，一个良好的组织结构有利于促进企业的发展，清晰、明确的权责分派体系有利于提高企业目标的实现可能性。企业组织结构的设置模式直接决定了各个部门的职能和工作人员的职责及其之间的相互关系。按照我国《中华人民共和国公司法》规定的刚性要求，我国公司制企业的基本组织构架是股东大会、董事会、监事会和总经理层。因此，我国企业全面风险管理机制的设置也必须是以"四大"基本组织构架为基础，建立符合企业自身风险管理需要的职能部门及岗位，并且确定相应的职责。

我国企业在借鉴国外成功的风险管理经验的同时，也应该根据我国企业面临的实现情况进行努力：

第一，风险管理应当从企业管理层开始，确定一位高层管理者专门分管企业风险管理工作；制定符合企业自身发展的风险管理战略目标，并将风险管理工作列入企业的重要议事日程。

第二，在企业中设置专门的风险管理机构，其主要职责就是处理企业风险管理活动中遇到的风险事务。风险管理机构的人员配置应当是从各个部门抽调的专业技术人员。

第三，在企业的基层组织的各个部门中确定一个风险管理员，对本部门可能存在的风险及风险的动态信息进行反馈和汇报，确保企业风险能够被及时地识别和控制。

2．确立董事会核心地位

董事会在企业的经营管理中处于核心地位，是我国公司制企业中的决策机构，同时也是联结投资者与经营者的纽带。董事会对企业风险管理的建设、完善及有效运行活动同样负有主要责任，其在风险管理活动中的职责主要包括以下几方面：

一是明确企业目前面临的主要风险及风险类型，听取总经理层对风险的处理意见，并进行研究，做出最后的实施策略。

二是对企业风险管理活动进行全程的监督和控制，并确定风险管理活动的范围，对企业的整体风险容量进行考核与审批。

三是积极倡导并监督企业培育良好的风险管理文化等。

然而，在企业实际管理中，有相当一部分企业的董事会并没有发挥其应有的监督和决策作用，使其在企业中的设置流于形式。

（二）强化全面风险管理理念，优化内部控制体系

1．培育企业风险管理文化，营造全员参与风险管理的氛围

随着社会经济环境复杂化的提高，企业面临的风险也越来越错综复杂，传统的风险管理理念已经无法满足现代企业风险管理的需要，因此，全面风

险管理理念应该在企业内部控制体系中得到充分的体现。而全面风险管理是一个新型的风险管理理念,它应当成为企业文化建设的一部分,被企业内所有人员所了解和熟知。首先,全面风险管理理念应该引起企业管理层的高度重视,并对其进行深入分析与研究总结,使全面风险管理的理念在企业内实现制度化;其次,在企业中大力宣传风险管理的理念,定期在企业内召开风险管理知识讲座,增强企业员工对风险的认识与判别,使风险管理深入人心;最后,将实施风险管理纳入员工绩效考核体系,从制度层激励员工转变对待风险的态度,争取在企业内营造全员参与风险管理的氛围。

2. 设置全面风险管理机构,完善全面风险管理机制

完善全面风险管理机制的首要任务就是在企业内设置全面风险管理机构,制定出详细的部门职责及工作规范,将风险管理工作落实到生产经营的各个环节,明确划分其与其他职能部门的职责。风险管理部门的主要职责主要集中于以下三方面:第一,专门负责处理企业风险管理的日常事务;第二,负责收集企业的风险信息及关注企业风险的动态;第三,保持畅通的信息沟通渠道,以将风险信息及时地传送到其他部门。

除了设置全面风险管理机制以外,企业管理层还应该建立相应的风险识别机制和风险评估体系,更好地完善全面风险管理机制,并以此来指导全面风险管理机构的风险管理工作,提高企业风险管理的整体水平。

(三)以全面风险管理为依托,构建内外皆制的审计监督体系

1. 对内实施独立的内部控制审计监督体系

在企业内部设置独立的审计机构是现代企业制度基本架构下所必须设立的组织机构,也是实施全面风险管理导向型的内部审计监督体系的载体。除了部门职能不同外,企业内部审计机构区别于其他组织部门的最鲜明的特点就是其具有几乎完整的独立性。内部审计机构的独立性要求该部门必须做到以下几方面:

第一,内部审计机构的部门经理需要由企业的高层管理者担任,并具有独特的风险管理理念。

第二，内部审计机构必须是由各部门的专业技术人员组成，具有掌握风险管理先进软件及技术管理专业的技能，且保持较高的独立性。

第三，内部审计的独立性还要求其能够加入企业风险管理的各个环节，对风险控制的动态及控制情况进行及时的监督，并汇报相关部门进行风险处理。

2. 对外积极配合外部审计监督机构的监督检查

我国企业目前主要面对的外部审计机构有政府相关部门的监督、企业投资者的监督及社会媒体与公众消费者的监督。在这些监督主体中，投资者和政府部门会定期地对企业进行监督检查，而社会媒体和公众消费者则是不定时地，也可以说是时刻地关注着企业的动态，尤其是在媒体信息发展迅速的今天，社会媒体的监管力度得到了很大的提升。因此，企业应该积极主动地配合外部监督机构的检查，并以此来促进其内部控制体系的不断调整。

第四节　基于风险管理的中小企业内部控制体系构建

一、企业特征分析

（一）明确企业性质

中小企业性质多种多样，包括国有企业、外资企业、合资企业、民营企业等，不同的企业性质对内部控制的建设有着不同的需求和侧重点。如国有企业与民营企业相比，筹资风险就不是其主要风险；而对于外资企业和合资企业来说，外国市场以及汇率波动所带来的风险则应纳入内部控制管理的考虑范畴。

（二）认清企业所处的发展阶段

中小企业的内部控制制度应根据所处的发展阶段来设计，并应随着企业生命周期的变化不断进行调整。中小企业的发展周期一般可划分为四个阶段：初创期、成长期、成熟期以及衰退期。

（三）中小企业应对自己所处的法律、政策及经济大环境有一个全面的认识

一个企业想要生存和发展，一方面它必须在一定的法律约束下和市场准则范围内运作，企业应该对其经营必将涉及的，与企业筹建设立、签订合同、聘请员工、收入纳税等相关的一系列法律规定有充分了解，避免企业行为触犯法律法规，同时也充分利用法律保障自己的合法权益；另一方面，中央政府及地方政府的各项政策也在很大程度上影响着企业的行为。政府对不同行业发展的政策倾斜程度，对中小企业发展的态度，是否有相关的优惠政策以及政策的时效性等，都需要在企业设立初始予以考虑。此外，国内国际经济是繁荣或是衰退，经济发展周期是处于上升阶段还是下降阶段等，也与企业的成立时机、战略制定密不可分。

对中小企业拟进入行业的发展前景、市场供需情况以及竞争激烈程度的客观分析也有助于中小企业选择正确的发展方向。中小企业由于自身的力量有限，更需要顺势而为，寻求发展壮大的机会。

二、战略定位

（一）专业化战略

专业化战略，即中小企业抛开"全面开花"的经营理念，把有限的人力、物力、财力集中起来，投入到能够形成竞争优势的领域和目标上来（如某一行业、某种产品或者某项业务的某个环节），降低生产成本，形成生产规模和产品差别优势，从而在激烈的竞争中生存下来，并形成自己的核心竞争力。采取专业化战略，企业需要对自己有充分的优劣势分析并对企业进行准确定位。

（二）差别化战略

差别化战略是指企业通过提供与众不同的产品或服务，塑造独特新颖的企业形象，或者开辟尚未开发的市场和经销网络等途径，避免与大企业以及其他已在市场上站稳脚跟的中小企业产生直接的利益冲突，并能获取较高的利润。采取并保持这样的战略模式会给企业带来较大的创新压力，一旦企业

成功形成自己的市场，吸引到一定数量的消费者，则意味着未来有更多的企业会加入这个竞争队伍，企业如何保持自己的"独一无二"将是一个极大的挑战。

（三）生存互补战略

生存互补战略是指中小企业在进行生产方向决策时，利用大型企业寻求社会分工和协作的契机，通过与其建立长期稳定的合作关系，实现与大型企业的分工互补，并依赖大型企业强大的资金实力和较高的市场占有率，谋求自身的壮大和发展。实现生存互补战略的前提是中小企业能够获取目标大型企业的信任，能够与之形成良好的、长期的、稳定的合作与共同发展关系。

（四）特许经营权战略

目前，特许经营权战略已成为我国中小企业立足市场、谋求发展的一种主要方式。中小企业通过上缴一定比例的营业收入或利润给大企业，以获取该企业的特许经营权，如相关的专利技术、贴牌生产和销售的权利、某区域特许生产或经销权等。虽然通过特许经营权战略，中小企业可以和大企业共享品牌、信息和客户资源，有效地降低自身的风险，但中小企业要想获取特许经营权也并不是一件容易的事情，因为有着较高市场份额和企业声誉的公司往往都对特许经营权的授予有着严格的管理制度。

（五）多元化战略

当小型、微型企业不断壮大，发展成具有一定规模和实力的中型企业时，企业就面临着多元化的选择，事实上也有相当一部分中小企业采用了多元化战略。然而，是纵向一体化向产业链两端发展，还是横向一体化通过兼并收购等方式向其他行业延伸，抑或是舍弃多元化战略而着力优化现有经营业务，企业需要慎重选择。实践也表明，多元化是一种蕴含着较高风险的战略方式。

三、风险点与控制点分析

（一）财务风险

1. 定性财务风险指标评价

定性财务风险指标评价是站在日常财务管理的角度对企业的相关财务风

险进行评价，中小企业通过评分体系对自己的财务总体情况进行评价，分数越高代表情况越好。评分维度分为两项：制度设计和执行情况，通过对两项标准分别进行打分，得出三类风险等级：低级、中级、高级。不同企业有着不同的风险偏好程度，应根据不同的风险项目评价情况采取相应的措施。

2．筹资风险

能否及时筹集到足额的资金供企业日常生产经营周转以及规模扩张和项目投入，对企业来说至关重要。对于中小企业特别是民营中小企业来说，筹资风险更是企业面临的头号难题。中小企业由于自有资金有限，外加筹资渠道少、筹资数额小、对外筹资难、还本付息压力大等，所以有较高的筹资风险。

3．投资风险

投资活动作为一种盈利活动，是企业再生产活动的必要需求，对筹资成本补偿和企业利润创造起着非常重要的作用。中小企业身处愈来愈复杂的市场经济环境，无论是在投资活动资金筹集方面，还是投资方案选择方面都面临着较高的风险。

（二）经营风险

1．公司层面的风险

第一，企业内部控制文化。是否拥有良好的内部控制文化环境在很大程度上决定了企业内部控制的有效性。由于企业的文化和精神可以通过企业全体职工的行为体现出来，因此，通过判断全体职工的行为动机和价值取向可以看出一个企业是否拥有良好的内部控制文化和风险管理意识；管理者是依规章依程序进行管理和决策，抑或是直接根据个人主观认识做出判断；员工能否遵照要求严格履行职责，是否具有团队意识，能否自觉维护集体利益，等等。

第二，治理结构。我国中小企业大多数情况是股权高度集中，董事长与总经理为同一人，缺乏相对独立的监事机构，这样的治理结构对创业期的企业来说可能影响并不大，但随着中小企业的管理的完善，经济利益的复杂化，这样的治理结构很容易导致内部冲突，而通过聘请专业的职业经理人对企业进行管理，可以为内部控制的执行提供更好的保障。

第三，管理机构。管理机构可以有效判断企业是否能够按照相互制约的内部控制原则设置职能部门，并做到各部门权责明确、各行其是、相互辅助，共同为企业价值创造服务。但现阶段的普遍情况是，中小企业由于人数和财力的限制，内部审计部门、风险管理委员会等对内部控制起着重要作用的部门都难以单独设立，甚至一些基础职能部门都存在人员兼任的情况。

第四，人力资源制度。人力资源政策是否符合国家相关法律的规定，如人力资源的招聘、任用、辞退流程是否完备，工资标准的制定是否合规，保险和福利的缴纳是否足额、及时；是否建立了岗位责任制度，明确岗位权责和具体分工，确保不相容岗位分离；人力资源招聘选拔制度是否客观、科学，员工胜任能力、职业道德素质等是否满足企业经营需要，是否存在任人唯亲的现象；企业的激励约束机制和绩效考核评价系统是否科学有效，能否激发员工的工作积极性，是否存在消极怠工的情况；是否有科学的员工入职培训在职培训机制，促进员工知识更新。

2. 生产层面的风险

中小企业的经济活动与大型企业相比相对简单，企业的主要精力主要是放在能为企业带来切实利益的供、产、销环节。因此，如何有效识别和管理企业在采购、生产和销售环节存在的潜在风险对中小企业来说就显得至关重要。

四、内部控制的实施与调整

在基于风险管理的内部控制体系形成之后，企业应该做好充分的宣传和教育培训工作，确保内部控制的触角深入企业的每个角落，并通过考核及奖惩机制，充分调动企业全体员工参与其中。

此外，由于该体系的构建是以风险点的识别和分析为基础，而企业在不同的发展阶段，在不同的战略指导之下，在不同的市场环境之中将会面临不同的风险，只要企业处在持续发展的阶段就必定会面临以前从未遭遇过的风险。再加上，内部控制制度的设计无论在理论上有多完美，其运用于实践中总会出现与实际相出入的情况，所以内部控制体系不是僵化的、一成不变的，企业应该对其进行后续的监督和观察，并进行适当的调整，使内部控制更好地为企业发展服务。

第五节　基于风险管理的内部控制体系建议

一、构建以现金流为核心的内部控制模式

企业内部控制管理是一个复杂的系统，涉及生产经营的方方面面，寻找合理的切入点对于认识和构建这一系统非常关键。而资金作为主体生存和发展的重要基础，被视为主体生产和经营的血液。生产经营活动过程是一个人力资源作用于物质资源的过程，在这个过程中，物质资源的运动一方面表现为有形的货币和实物资产的周转运动，另一方面表现为物质资源运动中蕴藏的无形的资金价值运动。从风险评估的角度来看，现金是企业中危险等级最高的资产，同时现金能否被安全和有效地使用也直接影响着企业的财务风险。围绕现金流确立业务循环控制体系，并且将实际资金净占用额作为控制点设计的衡量标准之一，这就为评价体系的构建提供了清晰的思路。

因此，加强现金流的内部控制可以促进主体正常组织资金活动，防范和控制资金风险，保证资金安全，提高资金使用效益，而建立和完善以现金流为核心的内部控制和风险管理体系可以为企业高速、持续的发展保驾护航。

二、强化关键环节风险控制，制定风险管理预案

任何一个企业的活动都是由一系列业务活动组成，而支撑这些业务活动的是一个个业务流程制度，企业诸多业务活动的集合构成企业活动的整体。因此，在业务流程再造或优化过程中考虑风险管理因素是提升企业风险管理能力的必然选择。通过企业流程梳理与改造，将风险管理解决方案落实到内

部控制上 —— 正确设定业务流程中的关键控制点并选择相应的控制手段，实现对操作行为的制衡。

梳理企业业务流程，即在收集风险管理初始信息和各项业务管理及重要业务流程基础上，进行风险评估，辨识关键控制环节和风险控制点，按照各单位和各部门的职责分工，制定对应的风险管理解决预案，确保各项内部控制措施落到实处。而对关键环节所涉及的人员要进行培训，宣传风险管理理念，使其意识到其提供的风险评价信息将对董事会的决策产生直接影响。

三、建立健全风险管理信息系统，实现风险预警

企业面对的风险是一个动态概念，经常处于变化之中。基于风险管理的内部控制实践证明，只有把握风险管理先机，才能收到实效；只有及时掌握尽可能真实、准确的经济动态信息，才能综合分析，采取针对性处理策略，取得应对风险的主动权。这就要求企业引入现代信息技术，构建先进的风险管理信息系统：

一是建立覆盖企业经营全过程的全面管理信息系统，实现企业运营数据和信息收集、存储、处理、报告和披露的自动化，在信息系统中通过固化业务流程、系统自动转账等专门技术，实现业务信息向会计信息的自动转换。

二是从业务过程风险监控和预警角度出发，建立涵盖全面风险管理流程的风险预警分析系统。即借鉴现代风险管理技术，采用模型计量、现代信用风险管理等方法，量化风险指标，收集风险预警重要信息。如运用偿债能力分析、多变量统计分析等方法预测企业的获利能力、积累水平、营运能力等财务状况，预测企业发生各种风险的可能性及其大小。

同时，企业各部门和各岗位都要提高风险信息反应的灵敏度，一旦接触、发现、掌握到可能形成或已经形成企业风险的信息，应立即向上级或风险管理部门报告风险预警信息，不得隐瞒、延误，使风险管理部门和企业管理层能够及早掌握风险信息，研究应对策略并组织实施，从而争取主动，降低风险发生概率，减轻可能造成不良后果的程度。

四、激励全员参与内部控制，强化人力资源控制

全员参与是近些年各类管理实践都普遍强调的要点之一，它对于增强员工主动性、塑造优秀企业文化、提高经营管理效益等都有着积极的意义。同时，在基于风险管理的内部控制系构建与实施过程中强调全员参与还具有丰富的内涵。

内部控制系统包含多重目标，涉及企业多个层面和各项业务，可以说每一项作业和每一个员工都是控制的对象，仅仅依靠个别部门实施控制工作显然是不合理的。

与此同时，随着生产技术、信息技术和组织结构的不断演化，知识和信息在组织中呈现向一线集中的趋势，这使得控制和评价的难度都在加大。而让更多的员工参与"以其自身为控制对象"的控制过程将引领内部控制管理未来的发展。

通过员工的广泛参与，一方面可以对企业和业务层面的各类风险进行更透彻的分析和评估，并进一步对控制政策和程序的完善性实施有效评价；另一方面可以增强员工的风险管理和内部控制意识，此种意识在原先仅处于被控制地位时是很难自觉形成的。

五、完善销售与应收账款内部控制系统

销售业务是企业主体的主要经营业务之一，也是决定主体经营业务收入的重要环节。企业要想生存和发展，就必须进行以利润最大化为目的的销售活动并及时取得货款。如果生产企业的产品或者是流通企业的商品不能维持销售的稳定增长，在售出产品后不能及时、足额地收回货款，就必然会导致企业的持续生产经营受阻。

因此，完善销售业务的内部控制，加强对企业销售业务流程以及应收账款，尤其是项目资金净占用额的管理以控制销售业务风险，对于一个渴望健康、持续发展的企业来说，具有深远的意义。

第七章 基于税收风险的现代企业
内部控制

第一节 企业税收风险与管理分析

一、企业税收风险一般分析

（一）企业税收风险的概念

企业在经营管理过程中，税收风险存在且不可避免，作为企业的管理者必须正视企业税收风险，明白税收风险是可控的。目前，理论界对企业税收风险的定义主要有：

2007年上海财经大学赵军红教授在《企业纳税管理》一书中指出："企业税收风险就是指企业涉税行为因为未能正确履行税收法律法规的有关规定，所导致的企业未来经济或其他利益的可能损失。具体表现为：企业税收行为中影响纳税合法性、准确性的不确定因素，最终导致企业多缴税款；或者因为少缴税款，引发税务机关对其进行处罚，所需支付的巨额罚款。"

2006年西南财经大学刘蓉教授在《公司战略管理与税收策略研究》一书中认为："税务风险是指税务责任的一种不确定性，税务风险管理即是对这些不确定性的管理。"

结合以上观点进行分析，可以看出企业税收风险是指在涉税行为处理过程中，由于企业没有正确适用税收相关法律法规，造成企业多缴或少缴税款，使企业面临经济利益损失的不确定性。

（二）企业税收风险的特点

1. 客观存在性

企业纳税行为是税收风险的存在前提，必须以税法作为法律依据和行为准绳。由于税收具有强制性、无偿性、固定性的特点，所以企业税收风险是无法避免的。企业无论是否情愿，都必须依法纳税。企业不论其经营状况是赢利还是亏损，都会涉及税收事宜，都需要面对税收风险。但税收风险的不可避免性是从企业存续期间这一整体来看的，从局部来说，企业完全可以通过对某一经济活动的安排，避免某一特定的税收风险。

2. 不确定性

在企业经营管理中，风险是指企业在经营过程中的不确定性。它涉及对未来的预测，是很难把握的一种客观规律。企业税收风险也具有一般风险的共同特点，更多地表现出一种企业未来显著和潜在利益损失的不确定性，即纳税人是否承担这种风险损失是不确定的。

企业的涉税行为处理不当，会造成企业经济利益流失的可能性并形成税收风险，但最终能否形成企业既定损失是不确定的。可见，虽说税收风险是客观存在且不可避免的，但对于纳税人来说只是有可能承担这种风险，而不是一定会承担这种风险。

3. 可控性

虽然税收风险成因复杂，但是税收风险是可以控制的。通过对风险因素和经验数据的分析，借助数理技术手段进行测算，并采取相应措施加以弥补和控制，可以达到降低企业的税收风险的目的。

企业税收风险的控制主体包括企业纳税人员和税务机关人员。企业税收风险的产生与企业纳税人员的业务素质密切相关。业务素质好并具有较高风险识别能力和风险意识的纳税人员，可以设计出科学的纳税方案和税收风险控制方案，大大降低企业的税收风险。

4. 损失性

只要风险存在，就存在发生损失的可能，企业税收风险也不例外。税收风险的存在会加大企业的运营成本，造成企业财富和经济收益的减少。正因为税收风险可能具有损失的结果，才会激励企业想方设法规避税收风险，减少企业损失，从而促使加强税收风险管理。

（三）企业税收风险的形成因素分析

1．企业内部管理原因

（1）企业纳税人纳税风险意识和依法纳税观念淡薄

一些纳税人受利益动机驱使，企图侥幸通过违法行为逃避税法的监控和管理，不依法履行纳税义务，从而产生税收风险。例如，纳税人通过隐瞒收入、虚增成本等一系列行为力求减轻所得税负。若税收监管人员未察觉这些违法行为，纳税人就侥幸增加了税后利益。但若税收监管人员觉察到纳税人的违法行为，则纳税人预期利益不能得逞，反而要承担额外税负，这种利益与损失的不确定性就产生了税收风险。

（2）企业纳税人专业知识不足，职业道德缺失

企业纳税人员业务素质、职业道德和专业知识能力的高低，是判断企业税收风险的重要因素。一般说来，纳税风险的大小与企业纳税人员的业务能力成反比关系，如果企业纳税人员的业务素质能力较强，对税收、财务、会计、法律等方面的政策与业务比较熟悉，那么纳税风险就低；相反，企业办税人员业务素质水平越低，则企业纳税风险越高。

目前，我国企业纳税人员大部分文化素质和专业技能水平较低，对有关税收法规的精神把握不精准，对税收政策法规理解不到位，不能熟练地将税收政策法规应用到日常经营活动中。很多情况下，由于企业纳税人员自身业务素质的不足，企业虽然主观上没有偷税的愿望，但在纳税行为上没有按照有关税法规定去操作，结果造成了事实上的偷税，给企业带来税收风险。

（3）企业内部管理控制制度不健全

企业建立完善的内部管理控制制度是有效控制税收风险的基础。企业的控制制度是否健全，其设计是否合理，从根本上决定了企业税收风险的程度的高低。企业内部管理控制制度的不健全体现在人员、机构、规章制度、管理流程等方面。

2．企业外部客观原因

（1）经济环境复杂多变

外部经济环境的变化是造成企业面临各种税收风险的重要外部原因。外

部经济环境的变化会对企业的运营和决策产生影响，进而直接影响企业的税收负担。此外，外部经济环境的变化会使政府不断进行宏观调控，而税收政策作为宏观调控的重要手段，总是随着经济环境的变化而不断调整。企业税收风险与税收政策密切相关，政府税收政策的调整会影响企业的涉税行为。因此，外部经济环境的变化也会间接影响企业的税收负担。一般来说，政府为促进经济增长，会施行积极的财政政策，在一定时期内制定减免税、退税等税收优惠政策，鼓励企业生产和投资；反之，政府为抑制经济过热、过快增长，防止通货膨胀，会采取紧缩的财政政策，调整税收优惠政策，限制部分行业和企业的过度生产和投资。

（2）我国现行税收法律制度不完善

企业税收风险的强弱很大程度上取决于国家税收制度是否健全。税法是经济法体系中最为复杂的一个部分，同时也是对纳税人经营成果影响最大的法律，税法规定的每一变动，会对企业经济利益造成深远影响。健全的税收法律制度会对纳税人依法纳税、维护自身利益提供有力保障。反之，税收制度如果对涉税的具体问题界定模糊、规定不严密，或者税制设计时对纳税人的行为选择缺乏必要的了解和掌握，税制存在明显的漏洞和缺陷，企业如果依据这些行政规章开展纳税活动，就有可能因为对这些政策体现的税法精神理解错误而导致运作失败，使纳税成本急剧上升。此外，税制规定的征税方法及纳税程序如果过于复杂，也会增加纳税人准确理解税法、依法纳税的难度，导致纳税人无知性不遵从行为的发生，诱发企业税收风险。

我国现行税制复杂，政策过多，税收法规变化过快，纳税人很难及时准确地掌握最新税收法律规定，客观上加大了企业的纳税风险。一方面，我国现有的税收体系复杂，法律、法规层次较多，部门规章和地方性法规繁杂。整体上来看，我国的税收立法层次较低，法律少、法规多，规章更多。每年财政部和国家税务总局颁布的税收法规有上千条，各省法规数量更为惊人。如此大量的税收法律法规文件，若企业没有专员单独进行税法的整理和分析，必会使得企业对税收法律文件理解不透、把握不准，极易形成企业税收风险。

另一方面，由于在现行法律、法规、规章中没有对税务行政机关使用税法解释权和自由裁量权做出相应的约束，现行的税收法律、法规对一些经济事项表述不明确，有的只是一些原则性规定，对具体的税收事项没有明确规定，从而给税务机关的执法留有余地，在客观上为税收法规执行偏差的产生提供了可能性。税务机关在税收执法时不仅拥有税法的执行权和解释权，还拥有一定的自由裁量权，自由裁量权的不当运用必然会对企业权益构成侵害，使企业承担巨大的税收风险。

（3）税务部门税收征管质量不高

目前，税务机关对于税收法规的宣传力度不够，一般仅限于有效范围的解释，并不能使广大纳税人全面了解政策法规的内容和意图。现实中企业经营情况复杂多变，税收法律法规不可能对所有情况都做出明确的规定，尤其是对新生的事物及经济现象缺少相关法律规定，形成的法律空白往往使得征纳双方对税法的理解不一致。税务机关若无法对这些税收政策法规进行广泛的宣传和正确的引导，很容易误导纳税人，使其跌入税收陷阱，引发企业的税收风险。

二、企业税收风险管理一般分析

（一）企业税收风险管理的概念

2002 年范忠山、邱引珠在《企业税务风险与化解》一书中指出："税务风险管理是在法律规定许可的范围内，通过对经营、投资、理财活动的事先筹划、事中控制、事后审阅和安排，免于或降低税务处罚，尽可能地规避纳税风险，并在不违反国家税法的前提下尽可能地获取'节税'的收益，降低公司税收负担。"

2007 年王家贵在《企业税务管理》一书中指出："所谓税务风险管理，是指对涉税业务所涉及的各种税务问题和后果所进行的谋划、分析、评估、处理等组织及协调等管理活动。"

2007 年赵红军教授在《企业纳税管理》一书中指出："企业税收风险管

理是企业依据税收法律法规的规定，通过对税收风险的准确评估，采用合理的经济技术手段对企业税收风险加以规避、控制或转移，以降低税收风险所带来的经济及名誉损失的一种管理活动。"

根据上述观点，本书对企业税收风险管理的定义是：企业依据税收法律法规及相关经济法规，对其纳税计划、纳税结果和过程进行全面评估和检查，从中发现企业纳税活动中可能发生的或已经发生的违规违法问题，对这些问题及时纠正，以降低税收风险所带来的经济及名誉损失的一种管理活动。

（二）企业税收风险管理的理论依据

1. 企业税收风险管理的经济学依据

博弈就是一些个人或是组织，面对一定的环境条件，在一定的规则约束下，依靠所掌握的信息，对各自的行为或是策略进行选择并加以实施，并各自取得相应结果或收益的过程。博弈中任何一个局中人的决策都会受到其他局中人行为的影响，反过来他的行为也成为其他局中人决策的基础。博弈中的局中人之间产生竞争，而竞争只是博弈中相互依存的一个部分，博弈的另一个部分是局中人因某些共同利益而彼此协调和合作，这是博弈论方法的本质和精髓。

在博弈论中应用的基础和核心是由美国数学家纳什提出的纳什均衡。纳什均衡是指在博弈中，每个对弈者的策略都是对其他对弈者策略的最佳反应。即在已知所有参与者的情况下，每个参与者都会选择最佳策略，这种最佳策略组合就是一个纳什均衡。纳什均衡实际上是一种理性预期均衡，但纳什均衡并不一定是帕累托最优状态，它有时存在个人理性和集体理性的冲突，这种冲突有时会导致集体福利的损失。在经济分析中，要避免低效率的纳什均衡出现，力求福利最大化。

政府与企业在税收上也存在博弈，而且是永久博弈。对于征纳双方而言，税收政策、税收征管制度及相关法规是博弈双方的协议。因而政府在制定、实施这些政策时必须考虑遵守税收法律制度的收益大于违背它们所带来的收益，否则纳税人会产生不遵从行为，不利于国家税源的可持续发展。而作为纳税人的企业在博弈中也要考虑违背政策法律所带来的收益和风险，寻求适合企业自身的税收风险管理方法，使企业的税收风险处于可控状态，保证企业自身的税收收益最大化。只要企业纳税行为存在，双方的博弈就永远不会停止。

2. 企业税收风险管理的管理学依据

企业税收风险管理是一种企业的管理活动，它符合管理的一般管理理论。一般管理理论是由法国人亨利·法约尔（Henri Fayol）于 1916 年出版的《工业管理和一般管理》一书中提出的，这本经典著作标志着一般管理理论的形成。法约尔认为有关管理的、得到普遍承认的理论，是经过普遍检验并得到论证的一套有关原则、标准、方法、程序等内容的完整体系。一般管理理论是以企业整体作为研究对象的，它的管理理念适用于所有的企业，也适用于党政机关和社会团体。企业税收风险管理适用于一般管理理论，它的存在和发展是以一般管理理论为依托的。

法约尔将管理活动从经营职能中提炼出来，进一步得出普遍意义上的管理的定义。他指出管理是普遍的一种单独活动，有自己的一套知识体系，由各种职能构成，管理者通过完成各种职能来实现目标。他还提出了管理活动所需的五大管理职能和十四项管理原则。五大管理职能分别为计划、组织、指挥、协调和控制，管理职能实施是一种将工作分配于领导人与整个组织成员之间的活动。一般管理的十四项管理原则，其内容包括劳动分工、权利与责任、纪律、统一指挥、统一领导、个人利益服从整体利益、人员报酬、集中、等级制度、秩序、公平、人员稳定、首创精神、团队精神。尽管管理工作的权变观点认为适用于所有类型组织的原则是不存在的，但法约尔的十四条管理原则始终是一个参考的框架。

一般管理理论的系统性和理论性强，为企业管理活动提供了一套科学的理论构，企业税收风险管理也是从这个构架出发的。企业在税收风险管理过程中，首先，要明确企业税收风险管理目标，确立企业税收风险管理计划；其次，通过组织、指挥、协调实施税收风险管理；最后，提出税收风险应对措施，及时控制风险，并进行反馈。可见，一般管理理论是风险管理理论的重要依据，对企业税收风险管理有着深刻的影响。

（三）企业税收风险管理的内容

企业进行税收风险管理，首要的是确立企业税收风险管理的目标。不同的企业由于自身发展规模、管理水平、涉税业务等不同，因此对税收风险管理的具体目标会有所差异，但企业共同的最终目标应该是相同的，即实现规避、控制或转移税收风险，降低税收风险的损失，实现企业利润最大化。确立目标后要大量收集与税收风险管理相关的信息，根据企业财务、统计、税收等相关信息初步评估、测算税收风险。企业税收风险评估贯穿于公司经营活动的各个部门，作为企业风险管理者应协调好各部门对风险进行评估、测算和分析。

通过评测分析并结合相关信息，可初步制定出税收风险管理策略，在此基础上设计并实施具体税收风险管理方案。在这一系列的活动中，应由企业设立的风险监管机构全程监控，促进企业税收风险管理的不断完善。

第二节　税收风险管理之于企业内部控制的必要性和关联性

一、税收风险管理之于企业内部控制的必要性

（一）税收风险管理能提高企业获利能力

企业作为市场经济的主体，追求利润最大化是其经营管理的目标。要实现该目标，必须合理组织企业生产、经营、投资、筹资活动，优化企业各项经济资源。企业税收风险管理可以合理运用税收政策来组织企业的生产、经营、投资、筹资活动。通过税收风险管理，可以最大限度地利用对企业自身有利的税收政策，降低企业运营成本，减少企业的运营风险，使其产品或服务的竞争力得到进一步提升，增加企业的收入，从而提高企业的获利能力，推动企业的可持续发展。

（二）税收风险管理能帮助企业降低税收成本

企业税收成本主要包括两个方面：一是纳税成本，主要是指企业依法应缴纳的各项税金；二是非税成本，主要指企业因纳税不当而征收的税收滞纳金和罚款。企业税收风险管理有利于从这两方面减轻企业税收成本负担。

税收的强制性、无偿性、固定性的特点决定了企业税收成本是不可避免的，企业具有纳税义务，需要向国家缴纳税款。目前，随着企业生产经营的规范化，作为纳税人的企业已将纳税成本纳入其经营的必要成本。加强企业税收风险管理可以有效降低或节约企业的纳税成本，减少不必要的损失，在税收政策允许的范围内，合理控制企业税负，获得最大限度的税后利润。

非税成本是企业管理过程中税收风险的结果，具体指因纳税人的纳税活动失误或税收环境变化带来的税收成本之外的交易成本，如企业为解决税收问题实施资产重组行为而带来的重组成本、企业因偷税而导致的税务处罚成本等。按照税收风险管理的构架进行企业内部税务部门的设置和税收业务的处理，可以规范企业有关税收业务的处理，帮助企业减少财务管理过程中由税务风险引发的非税成本及其对企业的影响。

（三）税收风险管理可以加强企业财务管理水平

企业税收风险管理与企业财务管理是相辅相成的，提高财务管理水平能使企业税收风险管理更加行之有效，而税收风险管理的建立也需要高水平的企业财务管理。企业税收风险管理的信息需要依靠企业财务会计资料来反映。健全的财务会计制度、规范的财务核算资料、严密的财务管理过程是企业税收风险管理的前提。企业没有好的财务管理体系，会使企业税收风险加大，财务信息提取困难，不利于企业税收风险的管理。

因此，企业税收风险管理的实施可以进一步规范企业的财务制度，提升企业财务核算水平，促进企业财务管理水平不断提高，使企业管理者更全面、有效地掌握财务信息。此外，税收风险管理的实施可以促进企业管理人员学习和了解纳税方面的理论和政策，对企业培养锻炼一支高素质的财务管理队伍很有帮助，可以间接加强企业财务管理水平。

（四）税收风险管理能帮助企业创造合法经营的环境

当今世界，市场竞争空前激烈，国家为了保证竞争的公平性、有序性，会不断调整现有法律规定，营造良好的市场氛围。而企业要想不被市场淘汰，需要不断调整自身经营决策以适应市场环境。现代企业是法律引导和规范的产物，企业必须依法经营。税法是现行法律体系下最繁杂、最细化的法律制度，税收风险管理要求管理者对税法进行充分解读，依法纳税。通过法律的保障，可以降低企业经营风险，营造良好的经营环境。但企业合法经营、依法纳税并非一味听从执法者意见。当企业与税务机关发生税务争议时，企业应当依照法律程序充分表达自己的合理法律意见，并坚决维护自身权益，降低企业税收风险。

二、企业税收风险管理和企业内部控制之间的关联性分析

（一）税收风险管理是内部控制管理的发展和延伸

内部控制主要通过过程的控制来实现企业自身的目标，而税收风险管理则贯穿于管理过程的各个方面，管理的手段不仅体现在事中和事后的控制，更重要的是在事前制定目标时就充分考虑风险的存在。

税收风险管理的具体控制活动与内部控制活动存在差异。最明显的差异在于内部控制在企业设立具体经营目标时，只对目标的制定过程进行评价，而不对目标和计划的风险进行评估。税收风险管理要求对目标和计划的风险进行评估，特别是对战略目标和战略计划制定中存在的风险进行评估。因此，在企业控制过程和管理活动中税收风险管理是内部控制的拓展。

（二）税收风险管理受内部控制的制约

1. 内部控制制度是税收风险管理制度的基础

内部控制贯穿于企业经营管理活动的各个方面，只要存在着经营活动和管理，就需要有相应的内部控制制度，税收风险管理也需要通过内部控制来实施。税收风险管理的目标涵盖着内部控制目标的战略目标、经营目标和报告目标。

在企业管理实践中，内部控制是基础，税收风险管理只是建立在内部控制基础之上，具有更高层次和更有综合意义的控制活动。如果没有健全的内部控制制度，势必影响税收风险信息的正确性和可靠性，影响税收风险评估和测算，影响税收风险管理方案的设计和实施。因此，内部控制是税收风险管理制度的基础。

2．税收风险管理制度的运行需运用内部控制方法

只有在内部控制结构和内部控制成分的基础上运用各种内部控制方法才能真正将税收风险管理落到实处。税收风险管理有效运行需要通过内部控制管理的方法，在风险管理过程中必须运用组织规划控制、授权批准控制、会计系统控制、人力资源控制、内部报告控制、内部审计控制等一系列内部控制的方法。只有通过具体的内部控制方法，才能保证税收风险管理的切实可行，否则税收风险管理制度只能是一纸空文，对企业没有任何实质性帮助。

3．税收风险需通过系统的内部控制过程才能化解

税收风险的控制过程是先分析税收风险出自何处、出现的原因及以何种形式出现，然后通过选择分析方法来评测税收风险的严重性、可能性和财务影响，最后依据其严重性和可能性制定出风险控制方案。内部控制中风险评估要素的控制过程包括目标设定、风险识别、风险评估和风险应对等一系列的内部控制活动。由此可见，税收风险整体的控制过程与内部控制中对风险评估要素的控制过程基本相一致，通过系统内部控制过程可以有效化解税收风险。

（三）税收风险管理和内部控制总体目标一致

企业税收风险管理是企业依据税收法律法规及相关经济法规，对其纳税计划、纳税结果和过程进行全面评估和检查，从中发现企业纳税活动中可能发生的或已经发生的违规违法问题，对这些问题及时纠正，以降低税收风险所带来的经济及名誉损失的一种管理活动。它的目标是降低税收给企业带来的经济和名誉损失，减少税收给企业带来的经营负担。概括起来其管理目标就是防范税收风险，创造税收价值。

内部控制是由企业董事会、监事会、经理层和全体员工实施的，它的目标是保证企业经营管理合法合规、资产安全、财务报告及相关信息真实完整，提高经营效率和效果，节约运营管理成本，为企业创造运营管理价值。企业需要在设定内部控制目标后合理确定企业风险承受能力和具体业务的可接受风险水平，以保证内部控制目标和风险目标的一致性。

第三节　企业内部控制中税收风险管理的制度设计原则

一、合法原则和全面原则

企业税收风险管理控制方法和制度，必须符合社会法律法规、行业规范和有关监管部门的监管要求。任何违反上述要求的税收风险管理制度，其控制活动本身将面临法律风险，内控制度不能有效实现对风险的防范，反而会使企业陷入困境。

企业税收风险管理控制制度应该在企业各个层次、各个过程中全面得以贯彻和实施。在层次上，企业内任何人都不能游离于控制制度以外，凌驾于控制制度之上。上到企业的决策层、管理层，下到基层员工，每个人都应遵循内部风险控制制度。在过程上，企业业务从决策、执行、监督和反馈各个环节都应当加以控制，使得控制过程有效实现，最大限度地降低企业税收风险。

二、制衡性原则

企业税收风险管理应当在治理结构、机构设置及权责分配、业务流程等方面形成相互制约、相互监督，同时兼顾运营效率。履行内部控制监督检查职责的部门应该保持良好的独立性，保证内部控制监督检查的公平性、公正性。企业中任何人不得拥有超越内部控制之上的特殊权力。制衡性原则主要包含授权和牵制两方面原则。

授权原则要求企业应该根据税收风险管理岗位业务性质和人员要求，相应赋予作业任务和职责权限，规定操作规章和处理手续，明确纪律规则和检查标准，以使企业税收风险管理人员实现职、责、权、利相结合。在实际管理过程中，要做到事事有人管、人人有专职、办事有标准、工作有检查、按完成的结果定奖罚，以增加每个人的事业心和责任感，提高工作质量和效率。企业在进行税收风险管理时，对税收风险控制责任人员应当根据其纳税风险控制范围、深度、影响的不同给予不同的纳税风险控制权限，将纳税风险控制责任人的职责与权利挂钩，以此来保证税收风险控制措施的顺利实施。

牵制原则是指企业在税收风险管理制度设计中，必须将控制活动由具有互相制约关系的两个或两个以上的职位分别完成，防止一方权力过大而使控制制度形同虚设。企业在运用牵制原则进行税收风险管理时，应从两方面进行考虑：在横向关系上，企业业务安排至少要由彼此独立的两个部门或人员办理，以使该部门的工作可以接受另一部门的检查和制约；在纵向关系上，企业业务安排至少要经过互不隶属的两个或两个以上的岗位和环节，以使下级受上级监督，上级受下级牵制。

三、协调配合原则

协调配合原则要求企业在进行税收风险管理控制活动中，必须与相关各部门密切配合，各岗位和环节都应协调同步，避免扯皮和脱节现象的发生，减少企业内耗，保证企业经营管理活动的连续性和有效性。协调配合是税收风险管理工作得以顺利运行的基础，而协调配合要求各部门间信息要极大程度地进行交流和沟通。因为即使控制活动设计了清晰的目标和措施，但是如果税收风险管理部门与相关部门和人员沟通不顺畅，会直接导致责任人不能有效地协调并与相关部门达成一致，实施效果必会大打折扣。因此，企业在税收风险管理控制制度设计中，各部门与税收风险管理部门要协调一致，以保证企业经营效率的提高和税收风险管理的有效性。

四、成本效益原则

成本效益原则指企业在进行税收风险管理控制活动中，要力争以最小的控制成本取得最大的控制效果。企业税收风险控制应遵循成本 - 效益原则，保证其取得的效益大于其花费的成本，体现风险管理的经济有效性。在企业实际运行中，实行税收风险控制所花费的成本必须与所产生的经济效益之间保持适当的比例，即因实施控制活动所花的代价不能超过由此而获得的效益，否则应当舍弃该控制措施。在税收风险控制过程中，要充分考虑风险控制耗费的成本与带来的效益，只有风险控制方案取得的收益大于所耗成本时，该风险控制方案才是合理的，才具有可行性。

第四节　企业内部控制中税收风险管理制度的具体设计

一、提高对企业税收风险管理的认识

企业的税收风险管理必须要在税收相关法律制度规定的前提下进行，由于企业违反了税收风险管理制度，可能要面临着法律方面的风险，而这种风险可能是企业内部控制无法防范的，因此很可能会使企业陷入困境。税收风险管理是在企业各个层面进行的，这种管理，要求从企业管理层到普通员工都遵循这个内部控制制度，使控制过程有效实现，最大限度地降低企业税收风险。

企业进行税收风险管理的过程中，要重视业务流程的设置，通过规范的业务流程来使各个环节和各个岗位之间进行相互监督和制约。同时，企业在进行岗位设置时，要按照人力资源节约的原则，对内部控制的各监督岗位进行优化处理，以便提高岗位的运营效率。要保持岗位之间的独立性，确保内部控制制度能落实到各个岗位制度建设中去，要确保内部控制监督的公平性，使企业内部各岗位人员在制度约束下履行岗位职责，防止有超越内部控制的特权问题的发生。

在税务风险管理中，企业要加强各个部门之间的相互配合，确保各个岗位和环节之间的相互协调，防止各个岗位之间的相互脱节和相互推诿而导致企业内部控制低效率。要加强企业内部相互之间的协调配合工作，各岗位和环节都应协调同步，保证企业经营管理活动的连续性和有效性。协调配合是税收风险管理工作得以顺利运行的基础，而协调配合要求各部门控制活动设计清晰，如果岗位设置边界不清晰，可能会直接导致责任人不能有效地与相关部门达成一致，实施效果就会大打折扣。

二、建立相应的税务风险管理部门

在企业的运营过程中，应根据企业的规模大小，建立相应的税务管理部门或税务管理岗位，对税务风险进行统一的规划和管理。通过专门的部门设置，对企业的相关纳税事项进行统筹管理，统一处理企业的纳税问题，以及协调和税务机关的关系。在日常管理中，企业的税务管理部门应对企业可能面临的纳税风险问题进行有效的评估，制定相应的风险防范措施，并对企业纳税问题进行必要的监督控制。

三、加强信息沟通

对企业税务风险管理来说，信息沟通的有效性对防范可能发生的税务风险将起到重要的作用。信息沟通可以分为内部沟通和外部沟通两种形式。内部沟通主要是对企业控制环境的了解以及对税务风险进行有效识别和正确评估，通过明确的税务风险管理方式来确定企业的税务风险。同时，强化内部沟通信息网络建设，通过信息平台来提高沟通的效率，通过岗位环节的设置来提高沟通的效果，通过自上而下的沟通，使税收风险控制更加有效。从外部沟通看，企业属于社会中的一个组织，不可避免地要与外部环境进行接触，特别是和税务机关的接触和有效沟通，是决定企业税务风险管理效果的关键因素。

在与税务部门进行沟通时，要争取税务机关对企业管理的认同，在企业纳税困难时，能获得税务机关给予纳税延迟的机会，在相关税收法律法规出台新规定后，能及时和税务机关沟通，正确理解相关制度规定，防止企业出现因为对税收法律法规错误理解而导致的纳税筹划失败，给企业带来不必要的税收风险。在与税务专业人士的沟通中，要让相关专业人员对企业进行全面的了解，进而为企业纳税管理提出合理化建议，实现对税收风险管理的有效控制。

四、加强对税收风险的监督控制

对税收风险的监督控制是在企业内部控制合理性和规范性要求下，对企业的税收风险可能产生的监督效果进行必要的评估。企业对税收风险管理中的具体实施过程进行持续的控制和管理，这种监督机制既可以是针对个别事项进行的个别监督控制和评估，也可以是对企业运营情况进行整体的持续监督控制。由于企业的运营状况是不断变化的，因此企业的税务风险管理也应处于一个动态管理的过程中，并逐步改善。通过税收风险监督控制体系来发现企业税收风险管理中的薄弱环节，并针对相应的不足提出有建设性的建议或意见，进而不断改进企业的税务风险系统。

首先，要在企业建立持续监控管理机制。持续监督控制是对企业纳税管理的日常活动进行监督控制，以发现可能出现的税收风险，同时要对相关人员的权限和履行职责情况进行监督，防范可能出现的运行风险，并向企业管理者提出相应的建议和意见，以完善企业的日常税收风险管理。

其次，要重点加强对个别事项的税收风险管理。个别事项管理主要是针对企业税收风险较高的环节或风险评估较为频繁的事件而进行的税收风险管理，可以委派专人进行税务风险评估，制定相应的税务风险评估程序，有针对性地对企业税务风险高发环节和领域进行纳税风险管理。

第八章 现代企业内部控制体系的构建与规范

第一节 企业内部控制程序体系的构建

一、拟定控制目标

控制目标既是管理经济活动的基本要求，也是实施企业内部控制的最终目标，同时还是评价企业内部控制的最高环节。企业内部控制的基本目标可以概括为：

第一，维护财产物资的完整性。

第二，保证会计信息的准确性。

第三，保证经营决策的贯彻执行。

第四，保证生产经营活动的经济性、效率性和效果性。

第五，保证企业战略目标的实现。

第六，保证国家法律法规的遵守执行。

二、整合控制流程

控制流程是依次贯穿于某项活动始终的基本控制步骤及相应环节，通常同业务流程相吻合，主要由控制点组成。当企业的业务流程存在控制缺陷时，需要根据控制目标和控制原则加以整合；当企业采用新的技术或手段，能够更加简便和高效地完成控制目标时，可以对控制流程重新进行整合。

三、鉴别控制环节

要实现控制目标，主要是控制容易发生偏差的业务环节，这些可能发生错弊、需要控制的业务环节，通常称为控制环节或控制点。在业务处理过程中发挥作用最大，影响范围最广，甚至决定全局成效，对于保证整个业务活动的控制目标具有至关重要的影响的控制点，被称为关键控制点；而只能发挥局部作用，影响特定范围的控制点，则为一般控制点。关键控制点和一般控制点在一定条件下是可以相互转化的。

四、确定控制措施

控制措施，是指为预防和发现错弊而在控制点所运用的各种控制技术和手段。控制点的功能是通过设置具体的控制技术和手段而实现的。由于其控制的业务内容不同，所要实现的控制目标不同，相匹配的控制措施也不相同，必须根据控制目标和对象设置相应的控制技术和手段。

第二节 企业内部控制方法体系的构建

一、完善企业内部控制环境

（一）加强管理者和企业全员的内部控制意识

内部控制的成败取决于企业员工的控制意识，而企业管理当局对内部控制的自觉控制意识和行为又是其中关键。从我国一些企业的现状分析，有些企业不是没有建立内部控制制度而是没有很好地执行，而且往往是企业负责人带头不执行，甚至破坏既定的内部控制程序，导致内部控制形同虚设。

1. 加大宣传力度，提高全员的内部控制意识

目前，我国理论界和实务界对内部控制的理解还不很统一，实务界对企业内部控制的认识上大多还停留在内部牵制制度、内部控制制度或内部控制结构阶段，有时甚至对内部控制的重要作用还不够重视。在许多企业尚未认识到内部控制重要性的情况下，迫切需要通过法律法规引导，加大理论宣传力度，督导企业建立健全内部控制制度，提高经营管理质量。企业的规模越大，经济越发展，内部控制就越重要。企业管理者应该充分认识到，现代企

业要想在激烈的市场竞争中占有一席之地，就必须注重内部控制的设计与实施，确保企业的每个岗位及人员，每项业务或环节都能按规定的制度办事，真正将内部控制制度的建设作为一项长期任务来抓。通过不同层次、不同专业的培训工作，提高全员的内部控制意识。

2. 塑造企业文化，推动内部控制的实施

企业员工们来自不同的家庭，有不同的背景和履历，来企业的目的也不尽相同。靠什么力量把所有职工凝聚在企业战略目标的大旗之下呢？在尊重人格、尊重个性的现代社会，只能是靠企业文化的魅力和感召。企业文化，是企业的修养和价值观，它既是企业内部控制制度的必要补充，又是实现有效内部控制的重要手段。如果没有企业文化的支持和维系，没有企业员工的理解和支持，再完美的内部控制设计，也只能是留在书面上的一堆文字。

所有的内部控制都是针对"人"而设立和实施的，企业中的每一个员工既是控制的主体又是控制的客体，既对其所负责的作业实施控制，又受到他人的控制和监督，控制与被控制是永远需要协调的一对矛盾。要想使被控制者自觉遵从控制者的意志，除了制定科学的内部控制制度外，还可以通过塑造企业文化，影响成员的思维和行为方式，形成一种控制精神和控制观念，直接影响企业的控制效率和效果。

重视内部控制的企业文化，能够借助价值观念等软环境使自己的员工得到自律和他律，从而矫正其价值观和目标，规范其行为，解决员工个体的价值观、目标、行为与组织的价值观、目标之间的矛盾，解决被控制者与控制者之间的矛盾，使个体的价值观、目标与组织的价值观、目标相一致；能够借助尊重人并发挥人的主观能动性的氛围来激励员工，使其产生心甘情愿地为本企业献身的内在动力。

我国企业的经营管理者应该注重对企业文化的培养与优化。企业在培养自身的文化时，应避免一种只注重内部和短期的企业文化，要保持一种健康的文化氛围，使其与公司的战略目标趋于一致。企业文化的相对稳定性和企业内外部环境的不断变化，使得企业文化容易出现其某些方面阻碍企业目标实现的问题。所以，应根据企业内外部环境的变化，对企业文化做出及时的修正。

（二）完善公司治理结构

公司治理构成内部控制制度的基础，合理的组织是内部控制的保障。治理结构问题是现代企业制度安排中矛盾比较突出和集中的问题，也是建立完善的内部控制以及内部控制能否有效发挥作用首先要解决的问题。

我国完善内部控制应首先解决治理结构中权利的分配和制衡问题。完善内部控制必须改进内部控制治理基础，从加强董事会的管理职能及强化监事会的作用等方面改进治理基础。

1. 加强董事会的管理职能

公司董事会是连接出资者和经营者的桥梁，为股权出资者和经理人员的职业合同提供了合理的保障。内部控制是董事会抑制管理人员在搜取短期盈利机会中的机会主义倾向，保证法律、公司政策及董事会决议切实贯彻实施的措施。加强企业内部控制，要重视董事会的建设，发挥董事会的作用和潜能，使股东及其他利益团体的利益真正受到保护。

2. 强化监事会的作用

要强化监事会的监督职能，首先是要保证其有足够的独立性。这就要求控制监事会成员中内部成员的数量，应以外部监事为主；在监事会成员的素质要求方面，应选任具有经营、财务、法律和工程技术方面知识的专业人士；还需保证监事有提议召开临时股东大会和列席董事会会议的权利，这会使监事在发现重大问题时，可以通过股东大会的表决来及时防范和制止，从而保障投资者的利益。监事会成员应列席董事会会议，及时了解经营决策信息，这种获取公司信息的权利也是监督有效性的必要保证。

（三）健全组织结构与权责分配体系

企业经营的目的在于实现其整体目标，一个企业的组织结构则在于提供规则、执行、控制和监督活动的框架。企业组织结构建设的好坏直接影响到企业的经营成果及控制效果。构建组织结构的一个重要方面，在于界定关键区域的权责以及建立适当的沟通管道。良好的组织必须以执行工作计划为使命，并具有清晰的职位层次顺序、流畅的意见沟通管道、有效的协调与合作体系。组织机构不仅要有利于上、下级信息沟通，还要避免机构重叠与僵死，应符合以最小费用取得最好效果的原则。企业应根据责、权、利相结合的原则，明确规定各职能机构的权限与责任；根据各职能机构的经营任务与特点，划分岗位序列，以确定需要的定位；根据岗位的需要选择合适的人才。各层次主管人员不仅要行使自己的职责，而且要对其下属进行有效的监督与检查，以保证各层次目标的实现。

权责分派体系的关键是对企业内部部门或职员处理经济业务权限的控制，即授权批准控制。授权批准控制可以保证企业既定方针的执行和限制滥用职权。授权批准有两种形式：一般授权和特定授权。一般授权是办理经济业务权力、条件和有关责任者的规定。它通常是在管理部门中以政策说明书或指令的形式，或在经济业务中规定其办理条件、范围和任命该类业务责任者的形式反映的。特定授权只涉及特定的经济业务处理的具体条件及有关具体人员。

（四）制定良好的人力资源政策

内部控制是由人来设计的，并受人的因素影响。制定保证组织内所有成员具有一定水准的诚信、道德观和能力的人力资源方针与政策，是内部控制有效发挥作用的关键因素之一。

优化内部环境，关键要注重人的因素。企业在强调股东利益的同时，不能忽略对经理层的激励，应对其加大动态性、综合性、事业性、长期性和显性激励，为不同类型的部门制定差别化的激励方案。只有充分调动经理层的工作积极性，才能降低经理人的道德风险，有效地实现企业的整体利益和股东利益。但同时，企业内部激励机制的改革也要避免激励目标的短期性，避免出现经理层控制企业，为了短期利益而违反企业行为规范从而损害企业长远利益的事。

随着中国经济市场化程度的提高，竞争的日益激烈，企业必须加强对员工的在职培训和后续教育，努力打造学习型组织，通过培训让员工正确认识内部控制，建立内部控制的理念和全员风险控制意识，提高企业内部控制和风险管理的整体能力。为了让员工能够应对各种各样的新的挑战，教育或者培训都是让员工适应变革环境所必需的，教育流程必须持续不断地进行。提高员工能力，使员工的行为与绩效达到预期可以有多种方式，比如培训政策、根据定期的绩效评估进行轮岗与提升、通过有竞争力的薪酬计划或奖励机制来鼓励和强化员工实现突出的业绩、通过有效的控制来避免业绩操纵或虚报成绩等。另外，除了教育和培训之外，在企业内部建立一套系列的、一致的价值取向体系也是很重要的，这可以敦促组织内部的成员保持诚实，保证他们行为的合规。

二、进行全面的风险管理

企业风险管理是一个由企业的董事会、管理层和其他员工共同参与的，应用于企业战略制定和企业内部各个层次和部门的，用于识别可能对企业造成潜在影响的事项并在其风险偏好范围内管理风险的，为企业目标的实现提供合理保证的过程。在当前日趋激烈的市场竞争条件下，企业经营风险不断提高，时刻威胁着企业内部控制系统的有效性，而且内部控制本身由于受到成本 - 效益原则的限制，也会存在一些局部可容忍的误差，如果这些小错误存在的时间过长，再加上其他异常，就有可能造成内部控制失控，所以对内部控制的研究不能脱离对企业内外各种风险因素的考虑。

三、加强信息流动与沟通

一个良好的信息系统有助于提高内部控制的效率和效果。企业须按某种形式及在某个时间之内，辨别、取得适当的信息，并加以沟通，使员工顺利履行其职责。信息系统不仅处理企业内部所产生的信息，同时也处理与外部的事项、活动及环境等有关的信息。企业的信息系统不仅是企业控制环境建设的一个重要方面，同时也是企业内部控制的一项要素，是企业内部控制过程的一个部分。

一个良好的信息和沟通系统可以使企业及时掌握企业营运的状况和组织中发生的事情，信息系统的好坏直接影响到企业内部控制的效率和效果。信息管理系统就是向企业内部的各级主管部门、其他相关人员，以及企业外的有关部门提供信息的系统。一个有效的内部控制系统需要充分的内部财务、经营方面的数据，以及关于外部市场中与决策相关的事件和条件的信息，这些信息由信息管理系统提供。信息管理系统要涵盖公司的全部主要活动，包括以某种电子形式存储和使用的数据系统，都必须受到安全保护和独立的监督评审，并通过对突发事件的充分安排加以支持。信息管理系统所提供的信息应当可靠、及时，并能以前后一致的规范形式提供使用。

一个良好的信息系统应能确保组织中每个人都能清楚地知道其所承担的特定职务。每位员工都必须了解内部控制制度的有关方面，这些方面如何生效以及他在控制制度中所扮演的角色、所担负的责任以及所负责的活动怎样与他人的工作发生关联等；需知道企业期望他们做出哪种行为，哪种行为被接受，哪种行为不被接受；还需知道在其执行职责时，一旦有非预期的事项发生，除了要注意该事项本身之外，还应注意导致该事项发生的原因。一个良好的信息沟通系统不仅要有向下的沟通管道，还应有向上的、横向的以及对外界的信息沟通管道。

四、设立良好的控制体系

（一）设立良好的控制活动

控制活动是确保管理阶层的指令得以实现的政策和程序，旨在帮助企业保证其针对"使企业目标不能达成的风险"采取必要的行动。控制活动出现在整个企业内的各个阶层与各种职能部门，包括核准、授权、验证、调节、复核营运绩效、保障资产安全以及职工分工等各种活动。控制活动包括两个要素：政策与程序。政策规定应该做什么，程序则使政策产生效果，政策是程序的基础。政策的形式有书面的和口头的，但无论政策是否做成书面的都应该前后一贯地、彻底地加以执行，同时程序也不应该只是机械地、被动地予以执行。

控制活动在实务中的应用，重点是要加强企业业务程序的内部控制，这时因为内部控制许多方式是体现在业务层面上的，从业务程序中入手设计内部控制有利于加速提高企业内部控制整体水准。

1. 构造企业的业务循环，将业务循环又细分为业务流程，再将流程分为若干个作业，在构造业务循环模型的基础上，分析该业务在运行中可能出现的错误和弊端。

2. 提出内部控制关键控制点，所谓关键控制点，是指在一个业务处理过程中起着重要作用的那些控制环节，如果没有这些控制环节，业务处理过程很可能出现错误和弊端，达不到既定目标。设置关键控制点要针对错误和弊端的发现和纠正，如为保证会计记录的正确性，明细账和总账之间的核对是关键控制点；为保证银行存款金额的正确性，由非出纳员核对银行对账单和存款余额就是关键控制点。

3. 设置内部控制文本，以流程图或调查表的形式描述内部控制。这种方法的思路就是认为内部控制制度是一种最优化、最简捷和最合理的作业方式和作业标准。从某种意义上，一个企业可以认为是由一系列的作业组成的。所谓的作业是指具有特定目的的一个事件、一项业务或一件工作的基本单位。将作业的概念引进到内部控制制度，具有重大意义。以此为基础，可以直接引进作业管理、作业链、价值链、供应链等最新的管理方法。

（二）加强企业内、外部监督

1. 强化企业内部监督的作用

（1）增强内部审计的再控制作用

内部审计是企业为加强内部经济监督和经营管理的需要而逐渐发展起来的。作为内部监督的一种重要手段，内部审计既是企业内部控制的一部分，也是监督内部控制其他环节的主要力量，是对内部控制的再控制。内部审计通过评价控制环境和控制程序的有效性，监督企业的内部控制是否被执行并及时反馈有关执行结果的信息，揭露、制约各种不道德和不规范的行为，协助企业管理层履行管理职责，帮助企业更有效地实现预期控制目标。同时，在监控过程中，内部审计通过对被审查对象的检查和评价，可以针对管理和控制中存在的问题和不足，提出改进方案，促进控制环境的建立、完善，为组织成功地达到所需要的内部控制水平服务。随着企业组织规模的扩大，内部审计作为企业内部的持续监督机构，在保证财务报告可靠性方面发挥着其他机构不可替代的作用。

（2）加强企业控制的自我评估

控制自我评估（Control Self Appraisal，CSA）是指企业内部为实现目标、控制风险而对内部控制系统的有效性和恰当性实施自我评估的方法。国际内部审计师协会（IIA）在 1996 年的研究报告中总结了 CSA 的三个基本特征：关注业务的过程和控制的成效；由管理部门和职员共同进行；用结构化的方法开展自我评估。在实践中，CSA 方法的基本形式主要有三种：引导会议法（把管理当局和员工召集起来就特定的问题或过程进行面谈和讨论的方法，引导者可以结合管理当局的主要意图确定目标和控制技术，对控制的执行情况与管理当局关于控制执行的意图之间存在的差距进行分析）、问卷调查法、管理结果分析法（管理当局布置工作人员学习经营过程，引导者把员工的学习结果与他们从其他方面收集的信息加以综合）。

CSA 是为了提高组织内部控制的自我意识所做的努力，实施 CSA 的目的是使人们了解企业内部哪里存有缺陷及其可能引起的后果，然后让他们自己采取行动来改进这种状况。研究表明，实施 CSA 对企业加强管理、提高劳动生产率、改进内部审计程序和业务流程以及控制风险有着积极的作用。我国企业在加强内部控制建设的过程中，应该适时引进 CSA 方法，对内部控制进行自我评估，以便发现和解决内部控制系统中出现的问题。

2. 发挥外部监督的作用

外部监督包括政府监督（如财政、审计、税务、证券监管部门的监督）和社会监督（如注册会计师、社会舆论等部门的监督），其中政府财政部门的监督对企业起到规范制约的作用，社会中介机构特别是会计师事务所的监督通过对企业内部控制制度进行评价可以发挥一定的建议作用。一般而言，外部相关团体是作为一种外在压力作用于企业的，外在压力通常体现在企业经营目标和各内部控制要素当中。内部控制在相当大程度上是"遵循相关法律法规"的，是服从于外在压力的，外在压力越大，内在动力越大，内部控制的效果也越好。所以，企业的内部控制应与外部监督保持密切的联系和合作，借助外部监督的专业力量推进内部控制。

我国的《会计法》《审计法》《证券法》《公司法》等法律已明确规定了财政部门、审计部门、证券监管部门等政府部门对企业负有监督检查的责任，但是由于各种监督部门功能交叉、标准不一，再加上管理分散、缺乏横向信息沟通等，未能形成有效的监督合力，同时也给企业带来不必要的麻烦（经费、人员、时间的占用）。因此，政府应加大改革力度，通过立法使各种外部监督运作起来，定期对企业内部控制的建立和执行情况进行监督检查。同时，对严重违法违规的企业要加大处罚力度，按照有关规定及时处理，使企业能够意识到当内部控制出现问题时，被外部监督发现的代价要比内部审计及时觉察、加以改正的代价大得多。

第三节　企业内部控制评价指标体系的构建

一、构建内部控制评价指标体系的基本原则

（一）可操作性原则

内部控制评价指标的选取应具有可操作性。内部控制以会计控制为核心，是公司经营过程的规范程序和控制约束。公司运用内部控制，应将内部控制作为提高经营业绩的一种手段和方法。在公司中内部控制成功与否直接影响经营业绩好坏。对内部控制有效性的评价既要能概括内部控制的真实状况，也要兼顾企业的操作性，同时评价指标应直观。

（二）定性与定量相结合原则

定性和定量指标的自身特点决定了评价指标构成中，应采用定性指标和定量指标两者结合的方式。

内部控制可看作为企业执行委托代理行为的方式，对内部控制的评价是对经营者受托责任的计量。计量指标既有财务指标，也有非财务指标；既有经济指标，也有社会指标；既有定性指标，也有定量指标。

对我国内部控制的评价应充分考虑各种计量指标，选取价值指标和其他内部控制可定量因素，将定性指标和定量指标结合选取评价指标。

（三）前瞻性原则

内部控制指标应考虑企业知识资本等新经济元素的控制利用程度。内部控制理论已注意到企业环境等软控制对企业的影响。经济发展不断将新的要素加入内部控制的范畴中，企业文化、知识技术水平对经营成效的影响很大程度上是对企业长期效益的影响。许多成功与失败的案例从不同角度展示了越来越多的软控制因素对企业内部控制的作用。

在建立内部控制评价指标体系时应具有前瞻性，加入对企业新经济元素的考察评价。评价中对知识资本、人力资源、文化环境等因素对内部控制和企业的影响应给予充分考虑。

（四）成本、效益和重要性原则

企业加强、实施内部控制必定要消耗资源，但企业的管理控制资源是有限的，因此对内部控制的评价应遵循成本、效益和重要性原则。企业内部控制的诸多方面，对企业经营的影响程度有所不同。为高效地实施内部控制，必须将资源应用在关键的内部控制环节。能反映和影响内部控制成效的因素有很多，随实践的发展可供评价的因素将不断增加。

由于内部控制的固有限制，要求企业内部控制达到完全有效并不实际。对内部控制的评价结果，应分析要点和关键影响因素。在选取评价指标时应随具体环境和评价目的的不同有所侧重，遵循重要性原则，选取适当数量的评价指标。对结果采用相对分析方法，允许评价结果在标准值一定范围内发生波动，合理地评价内部控制的状况。

二、内部控制评价基本模型

（一）定量指标的选取

选择作为内部控制评价标准的定量指标应是所有者和经营者都拥有的，可在经营中观察到的指标。定量指标是企业经营过程中产生的经过企业加工对外公布的数据化信息，包括实物指标（产量、销售量等）、价值指标（成本、费用、销售收入、利润等）、时间指标（工时定额、工期等）。在运用量化指标时应该考虑经营者对指标的影响程度。一般而言，经营者在逐利性驱使下会放弃企业长期利益而通过影响量化指标获得现时收益。例如，利润指标容易被经理篡改或受人为影响。

由于经理的投入不能直接计量，经理的收益部分地取决于给股东带来的收益，这样便诱使经理以提高其自身利益的方式管理收益。如通过注销巨额资产、调节本期折旧费用、运用应计项目等方式操纵公司即期净利润。收益对股东来说是一种剩余，对已投资者或潜在投资者者带有价值信息，但经理人对收益的操纵使会计报告对价值的评价不再是一种有代表性的真实方式。

对定量指标的选择应兼顾企业控制的长期效果和短期收益。在企业呈报的评价指标中以行业平均水平作为评价标准，剔除行业影响。根据行业特点不同，分行业选择不同指标。

（二）权重的确定

在选定评价指标后，必须给每一个指标一个权重。指标权重应反映出评价指标对内部控制效果的影响。由于行业特点存在差异，因此，指标权重不应千篇一律。例如，商业零售型企业应收账款指标的权重一般大于同期的生产型企业，商业企业期末的大额应收账款不一定表示内部控制有缺陷，而生产企业期末若有大额应收账款则应引起对内部控制的重视。

指标差异在不同行业对内部控制的影响程度不同，必须根据行业整体发展水平做出动态的预计。对权重的确定，可由国家或行业管理部门，定期测算公布。这样可兼顾评价标准的稳定性和灵活性，在评价框架一致的前提下，考虑行业特殊性，保证企业内部控制评价与经济发展水平同步。

三、内部控制评价指标体系的构建

（一）内部控制综合预警指标

内部控制综合预警以价值指标为主体，结合企业特点加入对企业经营控制产生重大影响的关键因素。从公司财务经营结果反映内部控制状况，评估控制风险。

由于现代企业日渐增多地参与资本市场融投资活动，所以内部控制评价指标中应包括企业风险评价的指标，尤其是企业长期发展能力的风险评价指标。预警指标包括营运能力指标、获利能力指标、偿债能力指标和发展能力评价指标，通过债务保障率、资产收益率、资产负债率、资金安全率等指标反映企业风险。

为排除行业特点对指标值的影响，对内部控制预警指标评价结果应以行业或社会的平均水平做参考依据，这就要求政府部门承担制定内部控制评价参照系的责任，定期分行业测定并公布企业内部控制预警模型的权重参数和选定指标，以及根据所公布模型计算的理想内部控制评价标准值和预警区间。各企业依据模型计算实际值并与设定的预警值相比较，若企业实际值不在理想区间范围内的，应引起有关部门注意，进一步分析内部控制存在的问题，采取改进内部控制的措施。

（二）内部控制程序评价指标

内部控制程序评价是对以内部会计控制为核心的企业具体业务循环中控制执行情况的评价。将企业业务分成货币资金、实物资产、采购与付款、筹资、销售与收款等业务，依据控制规范列出内部控制应达到的目标，对企业具体执行情况分别评分、汇总，做出该项控制的评价。在各项业务评分的基础上，给出各项业务的评价权重，综合形成企业内部控制程序的总体评价。

第四节　规范企业内部控制体系的措施

一、创造良好的控制环境

（一）注重企业文化的培养与优化

由于文化本身所具有的特性（无形性、软约束性、相对稳定性和连续性），使企业文化始终以不可抗拒的方式影响着企业。企业文化具有很强的凝聚力，不仅可以促进企业的发展，阻止企业的衰败，同时也可以使企业陷入困境。企业文化在企业经营管理中的重要性，使其不可避免地影响着企业的内部控制。我国企业在培养自身的文化时，应避免只注重内部和短期的企业文化，而应基于企业实际建立一套员工普遍接受的企业文化，使员工真正从内心深处"心系企业"，产生凝聚力，这样才能建立牢固的内控体系根基。

（二）组织结构与权责分派体系

企业组织结构建设的好坏直接影响到企业的经营成果及控制效果。针对大部分企业组织层次太多，机构庞杂的弊端，当务之急是大力压缩编制，精简机构，减少管理层次，控制管理幅度，提倡一岗多编、一专多能，使组织机构变扁、变瘦，以提高组织效率，降低费用开支。

良好的组织还要加强企业各方面的内部牵制。内部牵制是指对具体业务进行分工时，不能由一个部门或一个人完成一项业务的全过程，而必须由其他部门或人员参与，并且与之衔接的部门能自动地对前面已完成工作进行正确性检查。这种制约包括上、下级之间的互相制约以及相关部门之间的相互制约。

（三）加强人力资源管理

1. 不断提高人员素质

员工素质主要包括政治思想、文化水平、技术知识和业务能力等方面。企业要通过培训、挖掘激发、实践等方法来不断提高员工素质。

2. 提高管理人员素质。

企业要通过对外招聘、内部竞聘上岗及加强培训等方式不断提高管理人员的综合能力，包括经营决策和管理决策的能力、组织临阵指挥的能力、用人发现人才的能力、协调上下左右的相互关系及调动各方面积极性的能力。

二、建立健全风险防控体系

（一）树立风险防范意识

风险管理是企业的管理层和所有员工的基本责任，因此企业各个阶层都要树立风险防范意识，对自己职责和经营范围内可预见的风险有责任（并且是风险管理的第一责任人）提醒他人和管理层注意。企业要加强对相关工作人员进行风险防范知识培训，与具体实例相结合，从实际发生过的风险案例中寻找可能的漏洞，促使员工牢固树立风险防范意识。

（二）对风险进行综合分析

通过对风险的重要程度和发生风险可能性的综合分析，来确定风险应对措施。在财务事项的风险控制中，我们通常基于自己的判断分别对风险采用接受、实施控制、分散转移、监控与回避等策略，但是控制策略的选择不能只看风险的重要程度（风险发生所导致的损失）或风险发生的可能性，而应该通过对两者的综合分析来确定风险控制策略。

（三）通过事项辨认进行风险整合

通过事项辨认进行风险整合，提高风险控制效果。风险管理并不是孤立地针对每一风险制定应对策略的。风险与风险之间是存在着内在依存关系的，这种关系具体表现为重叠关系和抵消关系。所谓重叠关系是两个或若干个风险因素结合在一起可能会放大企业所面临的风险；抵消关系指的是某两个或若干个风险因素结合在一起可能降低或抵消整体风险。风险控制中，要以战略目标为导向，站在全局高度进行风险整合，发挥风险控制的最佳效果。

（四）建立监督和危机管理机制

建立监督机制和危机管理机制可为风险控制系统提供强有力的支持。由

于成本 - 效益法则的约束、决策中人为判断失误、管理人员超越风险控制程序行事等因素的存在，风险控制系统只能为战略制定和风险管理提供合理保证而非绝对保证。因此，必须打破目前监督体系弱化的局面，充分发挥监督机构的作用，保证风险控制系统能够有效地运转。同时建立危机管理系统提高企业应对突发事件的能力，为风险控制系统提供强有力的支持。

三、确保控制活动的有效

控制活动是针对关键控制点而制定的，因此企业在制定控制活动时要寻找关键控制点以确保控制活动有效。企业一般根据其经营活动的关键绩效领域确定其关键控制活动，一般包括对人的素质、任职资格以及业绩考核的控制；企业运营的控制，包括计划决策管理、销售收款、采购付款、财产物资管理、质量管理、融资投资管理、资金管理等；以及对内部信息系统的构建、内部监督机构运作等方面进行的控制。

四、加强信息流动与沟通

所谓组织的信息流动及沟通，就是组织机构内部各部门之间通过交流和传递信息，实现彼此了解和相互协调的过程。

企业应建立良好的信息系统。信息技术的应用应能够满足管理的需要并提高管理水平，而管理要纳入信息系统的规范运作，先进的管理思想应该不断融入信息系统中。信息系统不仅处理企业内部所产生的信息，同时也处理与外部的事项、活动及环境等有关的信息。

为实现有效的信息沟通，管理人员特别是领导者应注意以下几条：

第一，尽量减少组织层次，选择最佳沟通网络。

第二，抓好数据资源管理，尤其是信息系统的建设工作。

第三，上司下属都要树立实事求是的作风，保证沟通的信息客观真实。对"虚报军情"者罚，对如实报告者赏。

第四，沟通线路、渠道应正规化、制度化、程序化。

第五，善于因人、因时、因地制宜地选用各种沟通方式，包括正式的和非正式的沟通。两者结合，相互补充，可以更有效地进行信息沟通。

第六，注意进行有反馈、有交流的双向沟通，注意沟通的语言艺术以及沟通的方法等。一个良好的信息沟通系统不仅要有向下的沟通管道，还应有向上的、横向的以及对外界的信息沟通管道。

五、强化内部控制监管

（一）建立相应的问责制

我国企业普遍存在的问题是内控制度制定时看起来十分完备，但出现问题时，就不知道找谁负责。所以必须要明确责任，实现从软约束的问责到硬约束的问责，使责任清晰地落实到个人，各个环节有什么样的风险，不同级别人员有多大的权限，都应该非常清晰，一旦出现问题，就可以很清晰地判断是哪个环节出了问题。并通过对相关责任人执行考核，形成内部控制实施效果的评价反馈，从而保障内部控制制度的正常运行。

（二）强化企业内部监管的作用

1. 首先要增强内部审计的独立性和权威性

企业应该成立隶属于最高领导的综合管理部门，以保证内部审计的独立性和权威性，同时还应配备高素质的管理人才。随着内部审计由财务领域向经营、管理领域的拓展，监管机构在人员的构成上也应是多元化的，不仅要有懂财务的审计人才，而且还应配备精通企业各相关业务的专门人才。选择有丰富业务经验的人员加入内部监管部门，可以使内部审计在企业内部控制制度中发挥更大的作用。

2. 内部审计应从事后审计向事前和事中审计转变

目前，一般企业的内部审计都是事后审计，主要起监督作用。随着内部控制制度的建立，内部审计的作用将更多地体现在事前预防和事中控制。比如，内部审计部门应有效开展对内部控制中的风险评估的评审，内部审计机构和人员应当充分了解组织的风险评估工作，审查和评价其充分性和有效性，以协助组织管理层进行有效的风险管理活动。

在完成风险评估过程的评价之后,内部审计应当对组织管理层是否根据风险评估结果采取适当的风险应对措施进行进一步的评价。内部审计人员应向组织适当管理层报告对风险评估的审查和评价结果。

3. 强化外部监管的作用

企业除在企业内部设立内部审计部门进行自我检查和评价以外,还要接受政府对企业的监管,同时也必须聘请社会中介机构来对企业内部控制的建立健全以及实施情况进行评价。社会对企业的监管主要来自注册会计师的独立审计。社会监管以其特有的中立性和公正性而得到法律的认可,具有很强的权威性。

但外部的检查监督不能取代内部审计的职能,只能是内部审计的补充和对内部审计的再监督,两者只有有机地结合在一起,才能使对内部控制的监管做到真正有效。

(三)实行控制自我评估

在国外,企业内部控制的一个新趋势是实行"控制自我评估(CSA)"。CSA 是一种新兴的审计技术和方法,意指每个企业不定期或定期地对自己的内部控制系统进行评估,评估内部控制的有效性及其实施的效率效果,以期能更好地达成内部控制的目标。CSA 其实是企业内控监管的进一步发展。

第九章　现代企业内部控制评价分析

第一节　企业内部控制评价的理论基础

一、委托代理理论与内部控制评价

（一）委托代理理论主要观点

委托代理理论认为，随着社会生产力的发展和社会分工的不断细化，一种基于非对称信息博弈论下的经济关系——委托代理关系应运而生。这种经济关系下的两类人：委托人和代理人，都会由"经济人"的本性驱使而使得自己的利益最大化，冲突也由之产生，具体到股份有限公司上，便是所有者和管理者之间的利益冲突。所有者希望管理者实现自己的目标，即公司利益最大化，而管理者则趋向于利用其在公司中的实际控制权和绝对的信息优势，以自身利益最大化为目标进行经营管理。为防止管理者行为与所有者目标的偏差过大，就需要一种制度来监督管理者的行为，激励其尽可能地与所有者的利益相一致。

目标冲突的直接后果就是代理成本的产生，从公司角度来说，可将代理成本归类为：

其一，所有者的监督成本，即所有者为促使管理者尽全力为实现公司利益最大化目标服务而对管理者进行激励和监控的行为所花费的成本。

其二，管理者的担保成本，即管理者与所有者签下合约，保证不进行对所有者利益有所损害的活动，如果采取不良行为或违背所有者意愿，管理者必须予以赔偿的成本。

其三，剩余损失，是因管理者被授予企业实际控制权并掌握极度不对称的内部信息优势，为谋求自身利益的最大化而采取一些偏离所有者目标的行为从而对所有者产生的一种价值损失。

前两类成本是制定、实施和治理合约而产生的直接成本，而最后一类则是一种在合约被不完全执行的情况下产生的隐性成本。

可以看出，如果能够适当增加监督成本和担保成本就可以显著地减少剩余损失的金额。总的来看，减少金额通常会大于增加的成本，使得总代理成本达到最低。

（二）委托代理理论在内部控制评价中的应用

委托代理理论是贯穿内部控制及其评价研究的一条至关重要的理论主线，是内部控制评价工作开展的内在动力。根据理论分析，内部控制制度的存在首先在一定程度上抑制了剩余损失的进一步产生，如果能够将内控制度很好地贯彻执行则会更加显著降低剩余损失，使得总代理成本降低。也就是说，公司所有者若想降低代理成本则需要建立一套完整、合规的内部控制制度约束代理人行为，更重要的是要了解代理人是否真地执行了内控制度，切实降低了代理成本。

二、权变理论与内部控制评价

（一）权变理论主要观点

权变理论是 20 世纪中叶以经验主义学派为基础，新兴发展起来的一种管理理论。辞典中将"权变"释为权宜应变之意，如果将此意应用于企业的管理当中就是说，因不同行业不同组织内在环境和业务活动的类型都各具特色，而所处的外在环境条件也都因国家、文化的不同而各不相同，因而在管理活动中无法找到一种能够适用于任何情景的管理形态，即使是在一个企业中也不存在始终一成不变的、长久稳定适用的管理模式。有效的管理模式的关键就在于对企业内外部环境的敏锐观察和迅速反应。权变理论就为我们提供了这样一种处理问题、分析问题的新视角，使管理者或问题处理者将问题由静态转化为动态，更加灵活、更加实际、更加有效地处理问题。

（二）权变理论在内部控制评价中的应用

在评价内部控制水平时借鉴权变管理是非常有必要的。首先，作者需要评价内部控制水平的两个方面，一是内部控制制度设计的有效性，二是制度执行的有效性。然而，由于二者的重要性和评价的难易程度有很大区别，这二者在评价过程中并不能共用一套评价指标、方法和标准，所以在设计评价体系时要充分运用权变思想，设计出最适合于评价这两方面的两个分评价体系。

其次，一般来讲企业不会总处于动荡之中，但是从纵向来看，上市公司所处的经济大环境可能在某一年或几年中突发性改变，如经济大萧条等，而横向来说，上市公司的内部环境也可能会发生变化，如企业重组等，这都要求内部控制评价主体能够视环境之变而变化评价指标、评价方法等，管理者也可以通过了解内部控制设计和执行的现状，分析企业所处的内外部环境，对企业进行动态管理。

第二节　企业内部控制评价体系的基本要素

一、评价目标

内部控制评价的结果要满足企业的各利益相关者对于企业的不同需求。对于外部利益相关者，内部控制评价结果能够促使监管部门对企业进行更加有力的监督、能够指导投资者进行正确的投资判断、能够帮助注册会计师判断财务报表的可靠性。对于企业内部，内部控制评价更是能够帮助企业各项业务的顺利开展，能够推动企业发展战略的实施，并最终促使企业在最小的风险环境下实现价值最大化。

总的来讲，内部控制评价的目标就是实现企业内部控制高质量运行，最大限度地保证企业战略和价值最大化目标的实现。

二、评价主体

评价主体说明的是谁来评价的问题，针对不同的评价动机，其评价主体也不同。企业为了提高自身的经营效率效果，保证稳定长久的发展，需要借助内部控制评价来促使内部控制工作的高质量运行。外部投资者为了加强自身的投资信心和保证投资判断的正确性，需要对所投资公司进行内部控制评价；外部审计人员基于风险导向审计的要求需要进行内部控制评价；而监管部门则是以加强市场监管、促进市场经济稳定发展为前提对所管辖公司进行内部控制评价。综上所述，内部控制评价的评价主体主要分为两类：一类是上市公司的外部利益相关者，一类则是企业内部的各个层级。本书是站在企业内部的角度构建内部控制评价体系的，一方面是公司董事会、监事会及内审机构等治理层的评价，一方面是企业各业务职能部门对自身业务的内部控制评价。

三、评价客体

评价客体说明的是评价什么的问题。这是一个广义的概念，需要与评价内容有所区分。评价内容是所评价事物的内容物，规定了具体的评价点，一般在一个评价体系中都会分为不同的层次进行逐级评价，而不同层次有不同层次的评价内容，但是评价客体则是站在一个更高的角度来讲的，不仅包含评价内容还包含评价主体。

四、评价指标

评价指标说明的是对评价客体的哪些方面进行评价。首先需要分层次建立起一个评价框架，然后将评价指标填充入框架内，它是衡量企业的内部控制水平的具体参照标尺。对于不同的评价目的和评价主体来说究竟什么样的评价指标是合适的，这就需要有设计原则来予以规定和限制。

（一）风险导向原则

内部控制评价指引明确指出应该以风险评估为基础，根据风险发生的概率和重要性程度来确定评价内容，所以应该以风险为导向，围绕各项业务流程的关键风险点展开评价。

（二）全面性和系统性原则

全面性要求评价指标体系的设计要全盘考虑，以确保评价指标能反映内部控制范围内的各个业务。系统性又要求指标在结构和层次上是科学合理的，能够反映内部控制的各项业务间的相关性和特殊性。

（三）成本效益和重要性原则

由于人力、物力、财力和时间的有限性，指标的设计在考虑全面性的同时也要衡量成本效益，尽可能实现最高性价比。又因企业每项业务的繁杂性导致指标不可能全部覆盖到，所以应结合重要性原则予以删减，抓住最关键环节的最关键点予以评价。

（四）可操作性原则

内部评价由于其信息的可获取性强，因而可操作性也较强，但是在设计指标时，仍然需要考虑指标的可操作性，也就是说，界定指标时要清晰，切忌给出模棱两可的指标供评价者使用。

（五）灵活性原则

内部控制自我评价应当切实结合企业自身的特点进行，以避免不必要的资源浪费。如有些公司不存在担保活动或工程项目，就完全可以不涉及该项目的指标，而不一定要生搬硬套国家规定。

五、评价方法

（一）定性评价方法

1. 审阅法

此方法主要是通过研读有关文件、资料或电子信息，如内部规章制度、财务会计资料、预算编制表格、管理层经营决策计划等，来获取与企业内部控制工作有关的内容。在研读审阅的过程中，通过工作人员的知识或经验来识别内部控制制度的大致不足，为以后更加详细的查缺补漏提供依据。

2. 调研访谈法

此方法贯穿于整个内部控制评价工作，在评价设计有效性和执行有效性的过程中都会涉及。它主要是利用事先准备好的调研提纲，通过召集各相关部门负责人或与评价工作直接相关的人员进行访谈对话，从对话中了解并提取评价需要的信息、精髓。该方法不是进行一次就可以完成的，评价人员在评价实施过程中随时都可以抽调人员进行询问。

3. 书面说明法

该方法是与调研访谈法结合使用的，在访谈的过程中除了询问和对话，还需要书面的记录，以作为事后评价工作开展的依据和评价后解释各项工作的证据。

4. 比较分析法

该方法主要用于内部控制设计有效性评价阶段，将公司现行制度与内部控制指引逐条对照，找出重要缺陷和漏洞。比较分析能够直观清晰地展示出二者的差异，对于评价内部控制设计有效性是一种非常适用的方法。

（二）定量评价方法

在对内部控制执行有效性的评价中，评价指标的权重反映了各指标在所在层次的重要程度，最终体现到各目标的实现对内部控制评价的影响程度，准确地分配各指标的权重是保证评价科学性准确性的重要前提，定量评价方法此时将发挥重要作用。在统计学中，对于多指标体系一般有如下两类设置权重的方法。

1. 客观赋权法

客观赋权法从指标的统计性质上来考虑，让调查数据来说明问题，无须征求专家的意见，而其原始的调查数据由各指标在被评价单位中的实际数据形成。常用方法有均方差法、主成分分析法、熵值法等。

2. 主观赋权法

主观赋权法主要是通过专家或个人的知识或经验进行判断来确定指标的权重，其原始数据主要由专家根据主观经验判断得到。常用方法有德尔菲法、层次分析法、专家调查法等。

六、评价标准

评价标准是判断评价结果优劣的一个工具，它好像一把标尺，将评价结果与这把标尺对照，就能清晰地看出所评价的活动究竟处在什么水平上。评价标准具有绝对性和相对性。相对性表现在，评价标准只是针对某个特定的评价体系适用的；而绝对性说的是除非经济和市场环境等不可抗因素发生了变化使得一些评价指标不再适用，否则评价标准一经确立在本评价年度内不能随意改变。对于本文的内部控制评价体系来说，其设计有效性和执行有效性各有一个评价标准。

第三节　企业内部控制评价的基本框架

一、企业内部控制评价的主体

内部控制评价的主体是指由谁来评价内部控制。过去在我国只要求注册会计师对企业与财务报告相关的内部控制进行评价，但这样不能满足企业内部管理和战略目标实现的要求。内部控制评价必须内部化，管理层对内部控制的有效性负责，董事会是内部控制制度建设和评价的主体，但内部控制评价过程是一个涉及面广、内容繁多的工作，必须做好董事会、监事会、审计委员会等相关部门的功能定位与职责分工，董事会领导内部控制评价，监事会对董事会领导的内部控制评价过程进行监督，审计委员会负责组织内部控制评价工作。

目前我国企业普遍采用自我评价的形式，即由负责某一业务单元或职能的人员确定针对他们的活动的控制的有效性。公司各部门，包括公司财务部门、业务部门、法律部门、内审部门等在内的所有部门是进行自我评估的具体执行者。当然，管理层在考察内部控制的有效性时，也可以利用外部审计师的工作，还可以将内外两者的工作结合起来，以便实施管理层认为有必要进行的任何控制评价程序。

二、企业内部控制评价的目标

企业的内部控制，归根结底是为了达到控制目标，由董事会、监事会、经理层和全体员工所共同参与实施的控制活动。内部控制既是对生产经营活动的控制，也是对实现企业发展目标的过程的控制。从《企业内部控制基本规范》中看到，内部控制的五个目标分别是保证合规性、维护资产安全、保证财务信息完整真实、提高经营效率和实现企业的发展战略。

内部控制的目标同样是内控评价的目标，评价的目的就是为了达成内部控制的目标。另外，内部控制评价产生于不同方面的需求：内部控制评价目标既是审计的需要，也是管理的需要，同样也是对法律法规的遵循等。不同的需求，使得评价的主体、客体、评价范围以及评价目标都不尽相同。

三、企业内部控制评价的基本原则

和内部控制的原则相同，内部控制评价的原则也是进行评价工作时遵循的准则，主要包括全面性原则、重要性原则、客观性原则、适应性原则和制衡性原则等五个原则。

全面性原则强调内部控制评价的涵盖范围应当全面，包括内部控制的设计和运行中的各业务事项；重要性原则强调评价应突出重点、着眼于风险，重点关注实现内部控制的高风险领域、企业重要业务和重要业务单位等；客观性原则强调内部控制评价应当结合企业的行业环境、发展阶段、经营规模、业务特点等经营实际，准确揭示经营管理中的风险状况，以事实为依据；适应性原则要求根据企业规模、竞争状况、风险水平和业务范围来进行内部控制评价，并随情况变化而调整；制衡性原则主要强调了机构、岗位的设置和权责的分配，在处理这些问题时应根据内部控制的要求，使不同的部门、岗位权责分明，这样有利于形成相互制约、相互监督的机制。

四、企业内部控制的评价方法

内部控制的评价方法是指通过某种途径评价企业的内部控制，并且保证评价程序是合理有效、符合成本 - 效益原则的。内部控制的评价方法，没有一个是一成不变的固定的方法，因为每个企业特点（包括企业规模、业务性质、流程和所面临的风险）的不同，决定了没有哪一种方法是最正确的评价方法，而只存在最适合某一个企业的评价方法。

传统的内部控制评价方法一般包括：调查访谈法、流程图法、穿行测试法以及抽样测试法。应该综合运用这些方法，收集内控设计及其运行的相关数据，在此基础上编制评价工作底稿，分析可能存在的缺陷。

（一）调查访谈法

调查访谈法适用于内部控制的调查了解，根据需要，可以提前制定访谈提纲，在访谈过程中记录访谈内容。注意对同一问题，不同人员的回答是否相同。如分别访谈人力资源和关键岗位员工，询问是否存在员工流失现象。

（二）流程图法

流程图法是指用特定的符号和图形来描述某项业务的整个处理过程，将凭证和记录的产生、传递、检查、保存及其相互关系，用图解的形式直观地表达出来的方法。

（三）穿行测试法

在内部控制的流程中任意选择某项业务，追踪记录自业务的起源到最终在管理报告中的反映这一过程，测试内部控制的实施情况，进而找到关键控制点。

（四）抽样法

抽样是指随机或按某一特定标准从样本库中抽取一定数量的样本。使用抽样法时首先要确认样本库中包含测试要求的所有样本，然后再确定选取的样本是否充分适当，保证证据的数量满足相关控制的有效，证据的质量与相关控制的设计和运行有关，并能可靠地反映控制的实际运行情况。

五、企业内部控制评价的要素

（一）内部环境

内部环境是内部控制实施与建立的基础，主要包括治理结构、机构设置与权责分配、企业文化、人力资源政策和内部审计等。内部环境对内部控制影响重大，是其余四个要素的基础，没有较好的内部环境作为基础，内部控制的建设就形同虚设。

（二）风险评估

风险评估由目标设定、风险识别、风险分析和风险应对构成。风险评估是内部控制的重要环节，在企业生产经营过程中，只有进行科学的风险评估，自觉地将风险控制在可承受范围之内，才能实现企业的可持续发展。现代企业要在激烈的竞争中生存发展，就要面对无处不在的风险。

根据设定的目标，企业应结合实际情况全面收集相关信息，及时对企业进行风险评估。企业实现了内部控制的五个方面的目标，就能够实现可持续发展，就能够转变发展方式。目标设定后，要根据既定目标有计划地、全面地、系统地、持续地收集内外部相关信息。企业可以利用信息化手段，加大信息收集量，提高信息的准确性和及时性，使企业结合实际情况，及时进行风险评估。

另外，在风险预警和应急处理机制上，企业也应当加大力度，制定风险预警标准和应急预案，对相关人员明确责任和处置程序。

（三）控制活动

控制活动是结合具体业务事项，运用相应控制程序实施的控制。根据之前的风险评估结果，通过控制措施将企业的风险控制在可承受的范围。其中控制措施通常包括不相容职务分离控制、授权审批控制、财产保护控制、会计系统控制、运营分析控制、预算控制和绩效考评控制等。

（四）信息与沟通

企业应借助相关信息技术，对企业各种信息及时整理，使信息以恰当的方式在企业各个层级之间及时传递、有效沟通和正确使用。信息与沟通贯穿于内部控制的整个过程当中，是其他要素得以实现的重要工具，有助于内部控制的有效运行。

（五）内部监督

内部监督是内部控制有效实施的重要保障，内部控制作为由企业各层级员工共同参与实施的完整系统，是一个不断调整、逐步完善、持续优化的动态过程。因此，内部控制的实施与评价，都不能离开监督，监督可以预防、发现和整改内部控制中的问题与薄弱环节，保证内部控制的正常运作。需要说明的是，受成本 - 效益原则影响，内部监督只能对内部控制有效性的合理结论提供支持。

六、企业内部控制评价的指标体系

《企业内部控制评价指引》将企业内部控制评价定义为由董事会或管理层实施，评价内部控制的有效性，最后得出评价结论的过程。内部控制涵盖范围广，影响因素多为定性因素，利用单一指标不可能进行全面的评价，故需要构建合适的内部控制评价指标体系才能对内部控制进行全面完整的评价。

评价指标的选择，其实就是将内部控制的五个要素进行细化，对内部控制的每一关键控制点都设置一条评价指标，根据企业内部控制基本情况对每条指标进行评分，然后完成对内部控制情况的全面评价。《企业内部控制评价指引》有相关部分的核心指标。

建立评价指标体系首先要确定体系内的指标有哪些，这一环节的工作必须保证指标在企业的内部控制中能够起到实际的约束或影响作用，避免将一些与企业实际不相符的指标纳入其中。另外还要考虑这些指标在实际操作中是否可以准确地测量，若指标无法考察，设立标准就没有了意义，评价也只能沦为一纸空文。

第四节　企业内部控制评价体系的构建

一、企业内部控制评价的目标定位

企业在构建内部控制评价体系时，首先要对内控评价体系的目标进行定位。内部控制评价的目标是建立内部控制评价框架体系以及进行内部控制评价设计、测试和考核，没有恰当的目标，内控评价也就失去了方向，具体评价措施的实施也就不能得到很好的执行。

从完善公司治理结构和改善企业内部控制现状的角度出发，企业内部控制评价的目标应是通过评价企业内部控制体系的充分性、遵循性、有效性和适宜性，促使企业切实加强内部控制体系的建设和执行，从而提高企业的风险管理水平，及时有效地评估和控制可能出现的风险，保证其发展战略和经营目标的实现。企业应根据自身需要，为评价体系确定合适的目标定位。

二、企业内部控制评价的内容界定与指标选取

（一）控制环境评价

内部控制的环境评价是从企业内部控制建立条件的角度评价企业内部控制。内部控制环境优劣既体现了现时期企业内部控制的状况，更反映了未来企业执行和完善内部控制的能力和条件。

总的来说，内部控制环境的评价主要是从公司治理结构、企业文化、组织结构及职责分工、人力资源政策等四个方面来进行的。

第一，从公司治理结构的角度对内部控制环境进行评价，主要选取以下有代表性的几个指标："董事长与总经理是否同一""董事会规模及结构是否合适""独立董事的独立性程度""监事会规模及结构是否合适""股权性质（国家股、社会股、法人股、管理层持股）"以及"股权集中度"等。

第二，企业文化指标，如"管理者的风险偏好""管理者对内部控制的重视程度"以及"企业员工行为规范及守则的合理性及落实程度"等。

第三，组织结构及职责分工指标，如"组织结构与企业的规模及战略的契合度""员工的权利与责任的对等性"以及"权责划分与企业规模及作业的复杂性的匹配度"等。

第四，人力资源政策层面，主要有"培训计划与公司战略目标的一致性程度"及"部门及个人绩效指标与公司利益的衔接度"等指标。

（二）风险评估评价

风险评估是识别和分析那些妨碍实现经营管理目标的因素的活动。对风险的分析评估构成风险管理决策的基础。有关风险的识别与评估原则，强调有效的内控系统需要识别和不断地评估有可能阻碍实现目标的种种物质风险。一般来说，选取风险评估的评价指标主要是从以下三个方面来考虑的：

第一，设定目标，如"所设定的目标的科学及可行性""目标在公司各个层级之间的协调一致性""公司员工对所设定的目标的理解的一致性"以及"目标执行效果后评估及绩效考评"。

第二，风险辨识，如"业绩偏离目标时对公司总体以及各个层级风险的辨识""企业环境（包括内部环境和外部环境）变化时对企业面临的风险变化的及时辨识""风险辨识工作开展的持续一致性"以及"寻找风险影响因素并对风险发生可能性进行排序能力"。

第三，风险分析，如"对风险重要性程度的合理判断""对风险发生的可能性的辨别能力"以及"防范和降低风险的举措的充分有效性"。

（三）信息与沟通评价

内部控制评价内容的信息与交流存在于企业所有经营管理活动中。在内部控制信息评价方面要注意内部信息和外部信息的搜集和整理，同时在交流方面应注意内部和外部信息的交流渠道和方式。信息与沟通评价通常就从以下两个方面来选取指标：

第一，信息："信息取得是否充分""获得的信息的可靠真实程度""信息传导顺畅程度"以及"信息处理的及时准确程度"等。

第二，沟通："员工的意见是否得到充分反映""管理层对员工意见的获取和采纳程度""沟通方式合理多样"以及"沟通的效果（对信息理解的一致性程度）"等。

（四）控制活动评价

控制活动是为了合理地保证经营管理目标的实现，指导员工实施管理指令，管理和化解风险而采取的政策和程序，包括高层检查、直接管理、信息加工、实物控制、确定指标、职责分离等。在控制活动中主要关注控制与风险评估过程的联系、控制活动的适当形式及其实施、对执行政策和管理指令的保证、控制活动的针对性，尤其是对信息系统的控制等。该部分指标选取涉及对具体的会计业务的控制，可将其分为四个方面：

第一，经营业务控制：采购控制、生产控制、销售控制等。

第二，授权控制：不相容职务是否分离、各部门及个人权利责任的明确程度等。

第三，财产保全控制：实物安全控制、对资料接触予以授权、定期盘点等。

第四，法律法规执行情况控制。

（五）监督控制评价

监督控制是经营管理部门对内控的管理监督和内审监察部门对内控的再监督与再评价活动的总称。内部控制的监督评审可以是持续性的或单独的，也可以是两者结合起来进行的。主要应关注监督评审程序的合理性、对内控缺陷的报告和对政策程序的调整等。该部分主要从三个方面来评价：

第一，预算控制："是否设立了预算委员会""预算是否由股东会（董事会）或代表股东权益的相应机构批准""总经理对预算的修改权限""预算的执行力度及执行效果"以及"预算执行相应考核制度"等。

第二，内部审计："内部审计机构是否对董事会负责""领导层对内部审计的重视程度"以及"内部审计人员能力"等。

第三，业绩考核："部门及个人考核指标设计的合理性"以及"考核相应的资料信息的全面完整性"。此外，"各种制度是否完整且持续地得到执行"也可作为一个评价的指标。

三、企业内部控制评价的程序与方法

（一）制订评价方案

企业内部审计在制订评价方案中应充分考虑评价人员知识结构和能力水平，评价原则是否遵循风险导向和自上而下原则，评价范围是否包括企业分

支机构、重要业务单元、重点业务领域和业务环节或流程，评价指标和评价
标准的可行性及获取评价证据的方式等内容。

（二）实施评价工作

企业内部审计应根据批准评价方案组织实施评价工作，在评价工作中通
过个别访谈、调查问卷、比较分析、对比标杆企业、穿行测试、抽样和实地
查验等方法收集、确认、分析相关评价信息，获取充分、相关、可靠的评价
证据，对企业内部控制进行有效性评价，并做出书面记录，形成评价工作底稿。

（三）出具评价报告

企业内部审计应当根据企业内部控制评价具体情况，并结合评价过程中
发现的企业内部控制重大缺陷、重要缺陷或设计缺陷和运行缺陷，出具内部
控制评价报告，报告内容主要包括评价主体、评价内容、评价标准和缺陷类
型及解决措施等，并向企业董事会、监事会和管理层报告。

（四）评价结论反馈

企业的内部控制评价与注册会计师的外部鉴证不同，企业的内控评价是
由董事会及审计委员会负责领导，或是由内部审计部门负责组织和实施年度
评价和专项评价的。作为评价的结果，企业除了要对内部控制整体目标是否
有效下结论外，管理机构还应将评价结论以书面形式正式发送被评价机构，
并限期改正、反馈。

参考文献

[1] 基于 COSO 内部控制整合框架的企业内部控制环境研究 [J]. 中国证券期货 , 2012 (8):68-69.

[2] 彭君翔 . 我国企业内部控制制度的研究——以计华公司为例 [D]. 苏州大学 , 2008.

[3] 企业内部控制环境的国际比较研究 [D]. 2013.

[4] 邹冉 . 企业内部控制若干问题研究——基于风险管理导向的视角 [D]. 厦门大学 , 2009.

[5] 风险导向下的企业存货内部控制研究 [D]. 西南财经大学 , 2007.

[6] 我国中小企业内部控制运用研究 [D]. 西南财经大学 , 2010.

[7] 我国上市公司内部控制有效性研究 [D]. 吉林财经大学 , 2013.

[8] 上市公司内部控制的博弈分析 [D]. 武汉理工大学 , 2008.

[9] 基于风险管理的内部控制研究 [D]. 河北大学 , 2008.

[10] 创新型企业内部控制问题研究 [D]. 2013.

[11] 陈欢 . 内部控制评价及完善研究 [D]. 西安建筑科技大学 , 2011.

[12] 我国企业内部控制体系的构建与运行研究 [D]. 五邑大学 , 2008.

[13] 富茜楠 , 陈卫萍 . 企业内部控制体系构建的研究 [J]. 中外企业家 , 2008(2):48-51.

[14] 刘祖基 , 余霞 , 白俊维 . 我国上市公司审计收费影响因素研究 [J]. 中国注册会计师 , 2012(7):66-71.

[15] 吕丽华 , 吴坚 , 叶方 . 天然植物染料槐米用于毛织物染色 [J]. 毛纺科技 , 2009, 37(4):6-9.

[16] 梁栋 . 浅议中小企业品牌管理 [J]. 科技创新导报 , 2009(3):176-176.

[17] 张咏梅 , 杨婷婷 . 企业内部控制评价体系的构建研究 [J]. 经济研究导刊 , 2012 (10):27-28.

[18] 陈文军 , 陈雪娇 . 我国企业内部控制现状、成因与完善策略探讨 [J]. 公司治理评

论 ,2011(1):174-189.

张姝 . 我国碳减排审计问题研究 [J]. 商 , 2014(2):150-151.

[19] 王虎超 . 上市公司自愿性内部控制自评行为信号价值分析——基于 2007-2011 年 A 股数据的检验 [J]. 财会通讯 , 2013(12):54-57.

[20] 朱万胜 . 关于企业内部控制现状、成因及对策的思考 [J]. 现代经济信息 ,2013 (7):157.

[21] 李慧 . 中美企业内部控制规范体系比较研究 [J]. 中国乡镇企业会计 ,2007(1):89-90.

[22] 基于 COSO 内部控制整合框架的企业内部控制环境研究 [J]. 中国证券期货 , 2012(8):68-69.

[23] 刘慧萍 . 发达国家企业与国内企业内部控制比较分析 [J]. 金融经济 , 2010(12):111-112.

[24] 李坤 , 李玲 . 现代企业内部控制制度 [J]. 现代经济信息 ,2009(7):167.

[25] 毛中华 , 王维娜 , 闫沛云 , 等 . 武威市 5 所医院新鲜冰冻血浆应用的回顾性分析 [J]. 中国输血杂志 , 2015, 28(1):65-67.

[26] 杜持俭 . 浅论现代企业内部控制制度以及建立完善措施 [J]. 现代经济信息 , 2010 (4): 112 -114.

[27] 施秀萍 . 新时期企业内部控制框架问题研究 [J]. 财会学习 ,2016(11):211-212.

[28] 梁伟 . 博弈论视角下个体理性到集体理性的进路 [J]. 湖北经济学院学报 : 人文社会科学版 , 2009(10):30-31.

[29] 谢晓燕 . 现代企业内部控制制度研究 [J]. 现代经济信息 , 2011(15):153+159.

[30] 王晓燕 . 中小企业内部控制的有效性分析 [J]. 时代经贸 , 2012(8):51-51.

[31] 李亮 . 现代企业内部控制有效性的研究与分析 [J]. 中国电子商务 , 2014(23): 105-105.

[32] 廖涓池 . 企业内部控制有效性分析 [J]. 财经界 : 学术版 , 2012(4):108-108.

[33] 黄长发 . 企业内部控制有效性的影响因素分析 [J]. 经济视角 , 2014(2):53-55.

[34] 王希然 . 企业内部控制有效性分析与改善对策 [J]. 时代金融 , 2011(7X):145-146.

[35] 罗润兰 . 内部控制在企业经营管理中的应用 [J]. 管理观察 ,2011(33):30-31.

[36] 史德云. 我国中小企业内部控制有效性分析 [J]. 中国经贸,2015(24):205-206.

[37] 黄业德,杜龙波. 企业内部控制监管博弈模型构建 [J]. 财会通讯,2011(31):29-31.

[38] 周兆生. 内部控制的博弈分析 [J]. 财会通讯,2004(12):41-43.

[39] 李平,孙伟. 内部控制演进的博弈分析 [J]. 财会月刊,2009(9):109-111.

[40] 董小红. 内部控制评价和企业风险管理的整合 [J]. 现代企业教育,2011(8):48-49.

[41] 汤淑泱. 基于内部控制的企业风险管理研究 [J]. 财会学习,2016(3):128-129.

[42] 沙笑海. 基于企业风险管理框架的内部控制评价模型与应用 [J]. 财会学习,2016 (17) :256-258.

[43] 齐卉. 基于风险管理的内部控制研究 [J]. 商场现代化,2014(28):218-219.

[44] 肖岚. 现代企业内部控制的风险管理机制 [J]. 企业改革与管理,2014(7):98-99.

[45] 龙利. 基于内部控制的企业风险管理研究 [J]. 经营管理者,2013(2):238-238.

[46] 刘永雄. 基于风险管理的企业内部控制问题研究 [J]. 中国外资,2011(14):88-89.

[47] 陈萍萍. 基于风险管理的内部控制体系构建 [J]. 当代会计,2015(4):34-35.

[48] 陈景条. 基于风险管理的企业内部控制研究 [J]. 会计师,2014,No.196(13):51-52.

[49] 吴海云. 企业内部控制的风险管理机制探讨 [J]. 中国经贸,2014(18):229.

[50] 季枫. 企业税务风险内部控制体系的设计研究 [J]. 商场现代化,2016(2):170-171.

[51] 谢涛. 基于企业税务风险的内部控制体系建设研究 [J]. 中国内部审计,2015(7): 44-47.

[52] 季小兵. 内部控制视角下企业税务风险的防范策略 [J]. 企业导报,2014(4):121-122.

[53] 张帆. 基于内部控制的企业税务风险防范探讨 [J]. 改革与开放,2011(12):76-77.

[54] 申山宏. 基于税收风险导向的企业内部控制研究 [J]. 商业经济,2014(6):35-36.

[55] 许琼霞. 企业税收风险的内部控制与管理 [J]. 中国总会计师,2013(12)135-136.

[56] 马明灿. 现代企业内部控制评价体系构建与评价 [J]. 企业家天地旬刊,2011 (4):219.

[57] 郑涵. 构建现代企业内部控制评价体系策略 [J]. 江苏商论,2012(6):133-134.

[58] 吴映芬. 现代企业内部控制规范体系的建立 [J]. 产业与科技论坛,2014,13 (10): 237-238.

[59] 马明灿. 现代企业内部控制评价体系构建与评价 [J]. 企业家天地旬刊,2011(4):219.

[60] 刘颖. 基于现代企业内部控制评价体系的分析 [J]. 中国商论 ,2014(23):72-73.

[61] 邓丹红. 现代企业治理视角下企业内部控制评价问题探讨 [J]. 商 ,2013(13)45.

[62] 李新华. 企业内部控制评价体系的构建探讨 [J]. 现代企业教育 ,2009(12):71-72.

[62] 樊志凌. 现代企业内部控制与内部审计 [J]. 审计与理财 ,2012(8):35-36.

[63] 王廷章. 完善企业内部控制的思考 [J]. 集团经济研究 , 2005(11X):144.

[64] 佚名. 企业内部控制原理、经验与操作：企业内部控制高层研讨会文集 [M]// 企业内部控制原理、经验与操作：企业内部控制高层研讨会文集 . 2002.

[65] 佚名. 企业内部控制制度设计操作指南 [M]. 2011.

[66] 陈景条. 基于风险管理的企业内部控制研究 [J]. 会计师 , 2014, No.196(13):51-52.